Wunibald Müller • Anselm Grün • Ruthard Ott

Sorge für dich

Wunibald Müller • Anselm Grün • Ruthard Ott

Sorge für dich

Spirituelle und therapeutische Hilfestellungen
für Seelsorger und Seelsorgerinnen

Vier-Türme-Verlag

Bibliographische Information der Deutschen Nationalbibliothek
Die Deutsche Nationalbibliothek verzeichnet diese Publikation in der Deutschen Nationalbibliographie. Detaillierte bibliographische Daten sind im Internet über http://dnb.d-nb.de abrufbar.

1. Auflage 2011
© Vier-Türme GmbH, Verlag, Münsterschwarzach 2011
Alle Rechte vorbehalten

Umschlagmotiv: Pierre Graffan / fotolia.com
Druck und Bindung: Friedrich Pustet KG, Regensburg
ISBN 978-3-89680-500-3

www.vier-tuerme-verlag.de

INHALT

Vorwort 7
WUNIBALD MÜLLER

Mensch Seelsorger 11
WUNIBALD MÜLLER

Lebensgeister 65
EIN ERFAHRUNGSBERICHT

Stolpersteine und Trittsteine: Wegmarkierungen für Seelsorge und geistliches Leben 69
RUTHARD OTT

Hoppala! Was ist denn da? – Hoppala! Das bin ja (auch) ich! 127
EIN ERFAHRUNGSBERICHT

Spiritualität und geistliche Begleitung 132
ANSELM GRÜN

... Zeit was für sich zu tun 151
EIN ERFAHRUNGSBERICHT

Die Heilung krankmachender Gottes- und Selbstbilder 160
ANSELM GRÜN

INHALT

»Gottes Liebe macht mich satt!« –
Menschen im Zölibat und die Liebe 178
CHRISTIANE SARTORIUS

»Dem Leben auf der Spur« – oder:
»Ich entscheide mich selbst« 182
EIN ERFAHRUNGSBERICHT

Leibarbeit im Recollectio-Haus 187
CHRISTIANE SARTORIUS

Worte zum Abschied 189
DANIEL KLÜSCHE

Epilog –
Der Seelsorger als einer, der lachen kann 192
WUNIBALD MÜLLER

Die Autoren 196
Das Recollectio-Haus in Münsterschwarzach 199

Vorwort

»Ein Mensch ist der Priester. Er ist also aus keinem anderen Holze gemacht wie wir alle. Er ist ein Bruder. Er trägt das Los des Menschen auch weiter, nachdem die Rechte Gottes in der Hand des Bischofs auf ihm geruht hat. Das Los der Schwachen, das Los der Müden, der Mutlosen, der Unzulänglichen und der Sünder.« Das sagt Karl Rahner[1] anlässlich einer Primiz. Was hier Karl Rahner vom Priester sagt, gilt gleichermaßen für die Seelsorger und die Seelsorgerinnen, die in unterschiedlichen Ämtern und ganz unterschiedlichen Konfessionen, so Karl Rahner[2], »den Glauben verkünden, der die Welt überwindet, und die Gnade bringen, die aus Sündern und Verlorenen Heilige und Erlöste macht«.

Von diesen Seelsorgern und Seelsorgerinnen, die Menschen sind und bleiben, soll in den folgenden Beiträgen die Rede sein. Es sind Beiträge, die Personen verfasst haben, die als geistliche Begleiter und Therapeuten unzählige Seelsorger und Seelsorgerinnen begleitet haben. Was sie aufgeschrieben haben, ist das Ergebnis langjähriger Erfahrung in der Begleitung von Seelsorgern. Begleite ich aber für eine längere Zeit einen Mensch, dann kann ich das nur dann wirkungsvoll tun, wenn ich in eine Beziehung zu ihm trete, ich mir Zeit für ihn nehme, er mir etwas bedeutet, ich an seinem Wohlergehen interessiert bin.

Das aber spürt man in solchen Ausführungen. Hier geht es nicht um eine distanzierte Beobachtung von Klerikern, Seelsorgern und Seelsorgerinnen, eine nüchterne Analyse ihrer Situation. Vielmehr steht das Bemühen im Vordergrund, die Wirklichkeit und da auch die Menschlichkeit von Seelsorgern und Seelsorgerinnen aufzuzeigen. Die Beiträge sind weiter in der Absicht geschrieben, die Akzeptanz dieser Wirklichkeit und Menschlichkeit sowohl seitens der Betroffenen selbst, aber auch seitens der Gläubigen, für die sie da sind, zu fördern. Denn, so Karl Rahner, »die Menschen nehmen es einem übel, wenn man im Auftrag Gottes kommt und doch nur ein Mensch ist. Sie wollen strahlende Boten, überzeugende Herolde, brennende Herzen.«[3]

Dabei haben wir ja alle nach guter alter protestantischer Theologie nach dem Sündenfall von Adam und Eva, um es salopp zu sagen, einen Schlag weg, sind wir irgendwie beschädigt. Das gehört bereits zu unserer Grundausstattung. *Dazu* kommen dann unsere täglichen Unzulänglichkeiten, Fehler, Erfahrungen von Scheitern, Krisen.

Eigentlich ist es auf diesem Hintergrund doch nur selbstverständlich, dass die Menschen, die in der Kirche arbeiten, beschädigt sind, Fehler machen, Krisen haben. Eben menschlich sind. Und sie sind doch Menschen! Oder? Menschen aus Fleisch und Blut! So könnte man meinen. Doch – manchmal wird ihnen das von den Außenstehenden, den »Normal-Gläubigen« nicht zugestanden. »Also, wenn die mit dem Leben nicht zurechtkommen, wo sie doch gleichsam Gott gepachtet haben, wer dann?«, fragen sie. Vor allem aber sind es die kirchlichen Mitarbeiter und Mitarbeiterinnen oft selbst, die sich nicht zugestehen wollen, dass sie fehlerhaft sind, in Krisen fallen. »Ja, wenn wir, die wir täglich Gott im Munde führen, an Grenzen kommen, scheitern, seelische Schäden davontragen, was sagt das über unseren Glauben, unsere Treue und Festigkeit im Glauben?«, fragen sie.

Die augenblickliche Krise in der Kirche hat hier zu einer Ernüchterung auf beiden Seiten geführt. Man könnte auch sagen: zu einer Ent-täuschung. Jede Ent-täuschung bringt uns aber der Wahrheit näher. Und das ist gut so.

Zu dieser Wahrheit gehört: Die Frauen und Männer, die in der Kirche arbeiten, sind nicht weniger beeinträchtigt, nicht weniger anfällig für jede Form von psychischem Schaden wie andere Menschen. Sie sind mitunter manchmal sogar besonders anfällig dafür, weil und wenn sie meinen, besonders gut sein zu müssen, mehr geben zu müssen als andere. Oder, wenn sie glauben, um mit Paulus zu sprechen, »allen alles sein« zu müssen. Sie übersehen oder vergessen dann, dass auch sie nur Menschen aus Fleisch und Blut sind.

Als Menschen aus Fleisch und Blut sind sie aber auch der gleichen menschlichen Situation unterworfen wie jeder andere Sterbliche. Sie sind aufgerufen, sich dem Leben zu stellen, alle Entwicklungsschritte anzugehen, die notwendig sind, um ganz Mensch zu werden, zu einer reifen Person zu werden. Das aber schließt ein, das Leben in seiner Ganzheit zu umarmen: »Ja« zu sagen zu sich, sich anzunehmen in seinem So-Sein; »Ja« zu sagen zu seiner Vitalität und Sexualität; »Ja« zu sagen zu seiner Begrenztheit und manchmal auch Erbärmlichkeit.

»Die Ehre Gottes ist der lebendige Mensch«, sagt Irenäus von Lyon. Um zu diesem lebendigen Menschen zu werden, muss ich mich auf das Abenteuer des Lebens einlassen. Lasse ich mich aber auf das Abenteuer des Lebens ein, kann ich nicht chemisch rein bleiben, mache ich mich schmutzig, mache ich Fehler, scheitere ich.

So gesehen zeugen Beschädigungen in unserem Leben, die Wunden, die uns auf dem Weg unserer Menschwerdung geschlagen wurden, von der Bereitschaft, sich dem Leben zu stellen. Das uns von Gott geschenkte Leben ernst zu nehmen, es zu gestalten, die uns gegebenen Möglichkeiten – auch gegen Widerstände – zu nutzen.

So begegnen wir im Recollectio-Haus den Männern und Frauen, die in der Kirche arbeiten, mit der Einstellung: »Du hast mehr Möglichkeiten, als du ahnst, ganz zu schweigen von den ungeahnten Möglichkeiten Gottes mit dir.« Im Vertrauen darauf, dass Gott auf krummen Linien gerade schreibt, Krisen eine Chance sein können, noch oder wieder wahrhaftiger zu leben. Ja im Vertrauen darauf, dass »selbst im niedrigsten Priester eine Art Heiligkeit ist, die mit der Schmach einhergeht«.

Kirche, das sind aber natürlich nicht nur die kirchlichen Mitarbeiter und Mitarbeiterinnen. Zur Kirche gehören alle, die sich dazu bekennen. Zu einer Kirche, die beschädigt sein darf, zählen auch sie. Auch sie sind beschädigt, dürfen beschädigt sein, werden immer wieder beschädigt werden, wenn sie Leben wagen. Das ihnen von Gott nur einmal geschenkte Leben wirklich leben wollen.

Dieser Band erscheint anlässlich des zwanzigjährigen Bestehens des Recollectio-Hauses der Abtei Münsterschwarzach, so sei er den weit über tausend Männern und Frauen gewidmet, die in diesen vergangenen Jahren das Recollectio-Haus als einen Ort erfahren durften, an dem sie in ihrer Menschwerdung weitergekommen sind.

Wunibald Müller

Mensch Seelsorger

»GEH DEINEN WEG VOR MIR UND SEI GANZ!«
(GEN 17,1)

Montag, früh 7:00 Uhr. Beginn eines neuen Kurses im Recollectio-Haus. Wir feiern Eucharistie. Ich lasse meinen Blick in der Runde schweifen. Ich schaue mir die Gesichter, die Menschen an. Achte auf den ersten Eindruck, den sie bei mir hinterlassen. Während ich sie anschaue, fällt mir das Zitat des Irenäus von Lyon ein: »Die Ehre Gottes ist der lebendige Mensch, und das Ziel des Menschen ist das ewige Schauen Gottes.«

Was gehört dazu, um auch und vielleicht sogar gerade als Seelsorger und Seelsorgerin zu diesem lebendigen Menschen zu werden? Auf diese Fragen will ich anlässlich des zwanzigjährigen Bestehens des Recollectio-Hauses auf dem Hintergrund meiner Erfahrungen als Psychotherapeut und Seelsorger näher eingehen. Meine Perspektive ist dabei eine spirituelle, psychologische und auch eine tiefenpsychologische. Was ich zu sagen habe, will ich auf der Folie der Archetypen, also der Urbilder, des Königs, des Kriegers, des Liebhabers und des Magiers aufzeigen, denen eine spezielle Energie zugesprochen wird. Ich beziehe mich dabei vor allem auf den Tiefenpsychologen Robert Moore[4], der sich sehr intensiv mit diesen unterschiedlichen Energien auseinandergesetzt hat, und versuche, seine Erkenntnisse dazu auf dem Hintergrund meiner therapeutischen Erfahrungen auf den Seelsorger und die Seelsorgerin zu übertragen.

Bei diesen psychischen Energien handelt es sich um Kräfte in uns, die es gilt angemessen zur Entfaltung kommen zu lassen. Sie tragen mit dazu bei, dass wir ganz werden. Werden sie in ihrer Entfaltung behindert, trägt das aber dazu bei, dass wir in unserem Menschwerdungsprozess, ganz zu werden, beeinträchtigt werden. Die Tiefenpsychologie ordnet diese psychischen Kräfte in uns bestimmten Funktionen und Eigenschaften zu. Sie können den Blick dafür schärfen, welche innerpsychischen Bereiche im Prozess unserer Menschwerdung sich angemessen entfalten konnten und welche möglicherweise noch Defizite aufweisen.

Für ein besseres Verstehen der Wirkungsweise der archetypischen Energien kann die Unterscheidung von Person Nr.1 und Person Nr.2 helfen. Unter der Person Nr.1 versteht der Tiefenpsychologe C. G. Jung die äußere Person, zum Beispiel den Ehemann, Vater, Freund, Mitarbeiter, Psychotherapeut, die Person, die schreibt, am Sonntag in die Kirche geht, Menschen begegnet und so weiter. Person Nr.2 steht dagegen für die innere Welt einer Person. Wer in diese innere Welt eintritt, wird, so C. G. Jung, verwandelt. Über die Person Nr.2 höre ich nach innen, komme ich in Kontakt mit meiner Tiefe. Ja in einer gewissen Weise steht die Person Nr.2 für meine Tiefe. Aus dieser Welt entströmen auch die psychischen Energien, die es gilt für mein Leben, mein Innenleben, dann aber auch für mein äußeres Leben fruchtbar zu machen.

DIE KÖNIGLICHE ENERGIE
DES SEELSORGERS UND DER SEELSORGERIN
Die königliche Energie

Jeder und jede von uns verfügt über eine königliche Energie. Sie ist eine Art Urenergie, die von allen Energiequellen, über die wir verfügen, die ursprünglichste und mitunter wichtigste Energie darstellt. Die königliche Energie, die wir zur Verfügung bekommen haben, ist vergleichbar dem Feuer, von dem Platon sagt, dass wir mit diesem Feuer ins Leben hineingeworfen worden sind und es jetzt darum geht, in rechter Weise mit diesem göttlichen Feuer umzugehen. Dieses Feuer treibt uns an, lässt uns auf das Leben stürzen. Aber es kann uns auch verbrennen.

Das »Göttliche Kind« in uns

Das Bild vom »Göttlichen Kind« in uns beschreibt diese königliche Energie. Verstehen wir das Bild vom göttlichen Kind in uns aber als einen vitalen Aspekt unseres Selbst, als eine Quelle schöpferischer Kraft für unser Leben, mit der es gilt in Berührung zu kommen, dann können wir auf eine konstruktive Weise die königliche Energie auch für unser Leben fruchtbar machen.

Die königliche Energie zeigt sich dann in der Fähigkeit, *Dinge zu ordnen und zu regeln, Ordnung und Struktur herzustellen,* wo Chaos herrscht. Was mit Hilfe der königlichen Energie geschieht, ist vergleichbar mit dem, was geschieht, wenn wir ein Mandala malen oder in unseren Träumen ein Mandala erscheint. Sie sind Ausdruck dafür, dass wir uns zentrieren, Strukturen und Konturen entwickeln, gelassener werden. Von dieser Fähigkeit, Ordnung und damit Übersicht zu schaffen, geht eine heilende Wirkung aus.

Weiter geht mit der königlichen Energie *Fruchtbarkeit* einher, die sich in der Sorge für das Reich und seine Bewohner Ausdruck verschafft. Das geschieht durch die *Achtsamkeit, das echte Interesse, die Bestärkung und Zuwendung,* die der König, die Königin denen, für die sie da sind, entgegenbringen. Sie sind nicht in erster Linie da, um selbst gesehen zu werden, sondern um *die anderen* zu sehen, sie kennenzulernen und wertzuschätzen.[5]

Das aber ist ein segensreiches Tun, das denen, für die sie da sind, zum Segen gereicht. Diese fühlen sich dann als gesehen, angenommen, geschätzt. Sie werden dadurch bestärkt, sieht doch der, der sie auf königliche Weise anschaut, oft in ihnen, was sie sich selbst nicht zutrauen oder vergessen haben. So trägt der königliche Blick auf sie, die königliche Begegnung, zu ihrer Heilung bei, macht sie ganz, lässt der königliche Segen sie aufblühen, die Sonne in ihnen scheinen. Könige gelten als *heilig*. Was sie bedeutsam macht und ihre Heiligkeit ausmacht, ist ihr Königsein an sich, ihr Amt. Sie haben dadurch an etwas Teil, was anderen vorbehalten ist. Sie sind, solange sie leben, Träger der königlichen Energie, um nach ihrem Tod von einem anderen darin abgelöst zu werden.

Der König muss zuallererst selbst entsprechend der von ihm geforderten Ordnung leben. Er muss *authentisch* sein, das, was er von den anderen verlangt, selbst leben. Dabei gilt seine erste Liebe dem Land und seinen Menschen. Wird er dem gerecht, wird das Land blühen. Im anderen Fall wird sein Reich zerfallen. Gedeih und Verderben sind von ihm abhängig, ist er doch zugleich der menschliche Vermittler zwischen der göttlichen Welt – der Welt der königlichen Energie – und der irdischen, dieser Welt.[6]

Die Schattenseiten der königlichen Energie

Kommt unsere königliche Energie in infantiler Grandiosität zum Ausdruck, also dem Gefühl, etwas Besonderes zu sein, verwechseln wir die *imago dei* – die Gottesebenbildlichkeit – mit der Vorstellung oder der Überzeugung, Gott gleich zu sein. In diesem Falle neigen wir dazu, von uns und anderen mehr zu fordern und zu erwarten, als einlösbar ist. Die königliche Energie zeigt dann ihre Schattenseite im Tyrannen und Schwächling. In ihnen manifestiert sich die königliche Energie als *Identifizierung mit der königlichen Energie*, ohne zuzugeben oder wahrzunehmen, dass das der Fall ist. Statt die königliche Energie zum Segen für sich und andere einzusetzen, setzen wir uns gleich mit ihr. Die königliche Energie verkehrt sich jetzt in das Gegenteil.

Sie wird zur zerstörerischen Kraft, die die anderen klein hält und ausnutzt. Sie muss jetzt die innere Leere, die eigene Schwäche, die mangelnde Potenz und fehlende innere Struktur und Stabilität verbrämen.

Den Typ des tyrannischen Königs finden wir vor allem in der *narzisstischen Persönlichkeitsstörung.* »Diese Menschen fühlen sich tatsächlich als Zentrum des Universums (obwohl sie selbst nicht zentriert sind) und glauben, dass andere nur dazu da sind, ihnen zu dienen. Statt Spiegel für *andere* zu sein, sind sie unersättlich darauf aus, dass andere Spiegel für sie sind. Statt andere zu sehen, sind sie davon getrieben, von anderen gesehen zu werden.«[7]

Hinter dem Tyrannen verbirgt sich der *Schwächling* als der Schatten des Königs. Denn, gelingt es dem Tyrannen nicht, sich mit der königlichen Energie zu identifizieren, erlebt er sich als Nichts. Sein Hunger nach Bewunderung, das Verlangen, von den anderen gespiegelt zu werden, wird dann unersättlich. Er trampelt auf anderen herum, die er als schwach erlebt, da sie ihn an seine eigene Schwachheit erinnern.

Königliche Energie und Seelsorger

Der Seelsorger, der da ist, um die anderen zu sehen

Anderen Menschen zum Segen gereichen

Die königliche Energie taucht auf in den Mythen vom *Hirten* und *Gärtner,* Begriffe, die sich auch gut auf den Seelsorger übertragen lassen. Seelsorger sind da, um die *anderen* zu sehen, ihnen in die Augen zu schauen, ihnen zuzuhören, ihnen etwas Gutes zu sagen, *bene dicere,* also sie zu segnen. Ihre Art der Präsenz trägt dazu bei, dass die Menschen um sie, für die sie da sein wollen, aufblühen. Sie sehen ihre Schwächen *und* Stärken, nehmen sie in ihrer Schwäche an und bestärken sie in ihrer Stärke. Von ihnen geht Fruchtbarkeit aus. Das geschieht durch die Achtsamkeit, das echte Interesse, die Bestärkung und Zuwendung, die sie anderen gegenüber zeigen.

Wer als Seelsorger mit seiner königlichen Seite in Berührung ist, ist in erster Linie da, um die *anderen* zu sehen, *sie* kennen- und schätzen zu lernen. Er ist einer, der da ist, präsent ist, innerlich und äußerlich. Für ihn gilt nicht:»Überall ist er und nirgends.« Er ist da, wo er gebraucht wird. Er ist da, um einzuladen, den Blick auf *den* zu richten, der *letztlich* für uns da ist. Robert Lax[8] schreibt:

>»Es gibt eine Heiligkeit des Augenblicks, der gerade stattfindet. Es kommt also alleine darauf an, auf den Augenblick zu achten ... Es kann helfen, wenn man sich drei Dinge merkt: Da ist Gott, da bist du, und da ist der Augenblick. Jeder Augenblick ist dabei wie ein Geschenk. Und weil er das ist, kannst du dich entspannen, und gehe dann in den Augenblick und höre so gut wie möglich auf ihn ... Am liebsten höre ich auf die Klänge, die an die Stille von Eden erinnern. Das ist kein stilles Geschrei nach Aufmerksamkeit. Das ist einfach da, wie der Wind am Meer, oder wie wenn es regnet. Ich höre gerne dem Wind zu. Alles, was auf die kleine leise Stimme hindeutet. Denn alles andere kommt aus dieser Stimme her, wenn du dafür empfänglich bist.«

Mit der königlichen Energie in Berührung sein

Der Seelsorger, die Seelsorgerin, die da sind, um die anderen zu sehen, leben von innen heraus. Sie sind in Berührung mit ihrer königlichen Energie, der königlichen Würde, die davon ausgeht. Sie leiten ihre Berechtigung und ihren Wert von dort ab, schöpfen aus der königlichen Energie ihre Kraft.

Was sie trägt, ist ihr innerer Bereich, ihr Innenleben, nicht ihre Stellung, Position, Ansehen. Sie wissen nicht nur um ihren inneren Bereich, sondern pflegen und leben auch ein Innenleben. Dafür ist es zunächst wichtig, dass sie zu dem tieferen Bereich von sich in Beziehung treten. Sie sind mit ihrer Mitte in Berührung, kennen in sich einen »heiligen Ort«, in den sie sich zurückziehen und aus dem heraus sie agieren können. Das gilt vor allem dann, wenn es in ihnen und um sie herum brodelt, es angebracht ist, selbst zur Ruhe zu kommen und um sich herum dafür Sorge zu tragen, dass Ruhe, Gelassenheit eintritt. So schaffen sie die Voraussetzung dafür, dass die Dinge sich wieder ordnen, wo Unsicherheit und Orientierungslosigkeit vorherrschen, Sicherheit und Ordnung sich ausbreiten können.

Wenn sie mit ihrer königlichen Energie in Berührung sind, spüren sie die Anwesenheit des göttlichen Kindes in sich, erahnen etwas von ihrer Gottesebenbildlichkeit. Sie können dann mit dem Mystiker Thomas Merton sagen: »Jetzt erst erkenne ich deutlich, was wir in Wirklichkeit alle sind: Könnte doch nur jeder das erkennen! Doch man kann es nicht erklären. Es gibt einfach keine Möglichkeit, den Menschen zu sagen, dass sie alle wie strahlende Sonnen durch die Welt laufen.«

Sind sie mit dem göttlichen Kind in Berührung, entdecken sie auch in den anderen das göttliche Kind und verhalten sich entsprechend königlich und großzügig. Nicht wie Herodes, der in dem neugeborenen Kind einen Konkurrenten sieht, den er eliminieren möchte. Oder wie Saul, der seine königliche Energie nicht an David abtreten möchte. Sie spüren von innen heraus eine Souveränität und Autorität, eine Gewissheit, die sie bestimmt und menschenfreundlich zugleich auftreten lässt.

Das aber heißt, sie leben von einem heiligen Platz aus, der in ihnen selbst da ist, der es ihnen ermöglicht, in sich selbst zu ruhen. Da sie in sich selbst verankert sind, können sie den anderen gegenüber klar, bestimmt und zugleich wohlwollend auftreten. Auch ohne Neid und Eifersucht. Sie verstehen sich als Diener ihres inneren Königs, verstehen und begegnen sich selbst und anderen auf eine königliche Weise. Das aber heißt, sie leben von einem heiligen Platz aus, der in ihnen selbst da ist, der es ihnen ermöglicht, in sich selbst zu ruhen. Sie spüren von innen heraus eine Souveränität und Autorität, eine Gewissheit, die sie bestimmt und menschenfreundlich zugleich auftreten lässt. Sie spüren in sich eine ihr Ego übersteigende Hingabefähigkeit und Bereitschaft, sich für andere oder eine besondere Sache einzusetzen. Sie spüren weiter aus der Tiefe ihres Herzens, was es meint, Gott aus ganzem Herzen, aus dem ganzen Gemüt und mit all ihren Kräften zu lieben, und tun es dann auch.

Der Seelsorger, der da ist, um gesehen zu werden

Narzissmus als krankhafte Ichbezogenheit

Der Seelsorger, bei dem die königliche Energie unentwickelt, unterentwickelt und infantil geblieben ist, ist da, *um gesehen* zu werden. Darin zeigt sich die Schattenseite der königlichen Energie, bekannt als Narzissmus, der eine ungesunde Selbstliebe darstellen kann.

Pfarrer Gold erfreut sich großer Beliebtheit in seiner Gemeinde. Er predigt gut, die Leute fühlen sich von ihm verstanden. Selbst von anderen Gemeinden kommen am Sonntag die Gläubigen, um ihn zu hören und an seinem Gottesdienst teilzunehmen. Nach außen hin erweckt er den Eindruck, bescheiden zu sein, ja als habe er etwas dagegen, so gefragt und beliebt zu sein. Für sich selbst aber weiß er sehr wohl, wie sehr er sich geschmeichelt fühlt, so gut bei den Menschen anzukommen. Kommen einmal an einem Sonntag nicht so viele Menschen, registriert er das sehr wohl und grübelt darüber nach, ob er das letzte Mal etwas falsch gemacht habe. Wenn von ihm etwas in der Zeitung berichtet wird, tut er nach außen hin so, als bedeute ihm das nichts, in Wirklichkeit kann er es aber kaum erwarten, dass endlich wieder etwas über ihn geschrieben wird, am besten noch mit einem gut getroffenem Bild von ihm.

Seine Mitarbeiter erleben Pfarrer Gold anders. Sie haben den Eindruck, dass er sie eigentlich nicht braucht. Kritik verträgt er nicht, Anerkennung, ja Bewunderung sind dagegen jederzeit willkommen. Als er zum großen Erstaunen im Pfarrgemeinderat mit seinem Vorhaben, den Kircheninnenraum zu renovieren, scheitert, ist er tief gekränkt. Er war sich so sicher, dass die Pfarrgemeinderatsmitglieder ihn in dieser für ihn so wichtigen Angelegenheit nicht im Stich lassen würden. Sie, die ihn doch so sehr liebten und bewunderten. Er fällt im wahrsten Sinne des Wortes aus allen Wolken, auf den Boden der Wirklichkeit, seiner Wirklichkeit. Zu der gehört aber auch sein geringes Selbstwertgefühl, sein Gefühl, letztlich nichts wert zu sein. Ein Gefühl, das durch die positiven Reaktionen, die er in der Pfarrei erfahren durfte, überdeckt, aber nicht wirklich verschwunden war. Der einst so beliebte Pfarrer zieht sich immer mehr zurück, wird zunehmend unsicherer, verliert immer mehr Lust an seiner Arbeit, bis er schließlich antriebslos und depressiv wird, bis dahin, dass er nicht länger seinem Dienst nachkommen kann.

Ein Erkennungszeichen von Narzissmus ist eine schon fast krankhafte Ichbezogenheit, auch Egomanie genannt, die sich in einem geradezu chronischen Bedürfnis nach Anerkennung und Bewunderung manifestiert. Der betreffende Seelsorger hat ein grandioses Gefühl der eigenen Wichtigkeit. Er glaubt von sich, »besonders« und einzigartig zu sein. Er muss immer im Vordergrund stehen. Er ist sofort zur Stelle, wenn es um den großen Auftritt geht, er sich in Szene setzen kann. Er besucht die Gefangenen, beugt sich zu Aids-Kranken nieder – vor laufender Kamera. Er meint ständig präsent sein zu müssen. Im Mittelpunkt zu stehen, beachtet zu werden, das ist Labsal für seine Seele. Er ist geradezu abhängig davon. Er erwartet bevorzugte Behandlung oder ein selbstverständliches Eingehen auf seine Erwartungen.

Im Umgang mit anderen kennzeichnet ihn ein Mangel an Empathie. Wird seinen Erwartungen nicht entsprochen, kann das zu einer massiven Auflehnung gegen Autoritäten führen. Oder er bricht zusammen, fällt in ein Loch, reagiert depressiv.

Pastoren, Seelsorgerinnen, geistige Führer, Kirchenleute scheinen in einer besonderen Weise anfällig zu sein für ein narzisstisches Gehabe und diese Schattenseite auch noch spirituell zu beschönigen. Ihnen wird ein Status der Heiligkeit zugestanden, dem sie sich manchmal, selbst wenn sie es wollten, nicht entziehen können. Die spirituelle Aura, die sie umgibt oder in die sie sich selbst einhüllen, schützt sie anscheinend vor der Auseinandersetzung mit sich selbst. Ließen sie sich auf eine intensive Auseinandersetzung mit sich selbst ein, »würden sie narzisstische Motive entdecken, die ihren spirituellen Interessen zu Grunde liegen« (John Wellwood). Zum anderen müssen sie oft auf einen Bereich ihrer Persönlichkeit, ihrer tiefsten Bedürfnisse und Empfindungen verzichten, etwa der Erfahrung von Intimität und Sexualität. Dafür suchen sie sich bewusst oder unbewusst einen Ersatz, zum Beispiel in der Bewunderung durch andere.

Die königliche Energie verkehrt sich in das Gegenteil
Bewunderung nährt nicht, trägt nicht. Also sucht der narzisstische Seelsorger immer und immer wieder nach neuer Anerkennung und Bewunderung. Unter anderem mit dem Ergebnis, dass er sich immer mehr verausgabt. Bleibt sie aus, trampelt er auf denen, die ihm die Bewunderung verweigern, herum. Die königliche Energie verkehrt sich jetzt in das Gegenteil. Sie wird zur zerstörerischen Kraft, die die anderen klein hält und ausnutzt. Sie muss jetzt die innere Leere, die eigene Schwäche, die mangelnde Potenz und fehlende innere Struktur und Stabilität verbrämen.

Die Leere, die der Seelsorger empfindet, dessen königliche Energie sich destruktiv auswirkt, lässt ihn einsam zurück. Seinem Gefühl von Unerfülltheit versucht er zu entweichen, indem er nach Schlupflöchern sucht, die ihm das Gefühl von Erfüllung vermitteln sollen. Beim einem ist es das Trinken, beim anderen die Arbeitswut, bei wieder einem anderen unkontrolliertes Essen oder ein exzessives Masturbieren.

Hier handelt es sich um einen ungesunden Narzissmus, im Unterschied zu einer gesunden Selbstliebe. Eine gesunde Selbstliebe ist eine reife, ausgeglichene Liebe zu sich selbst, verbunden mit einem stabilen Selbstwertgefühl. Damit einher geht die Fähigkeit, sich angemessen abgrenzen zu können und die Grenzen anderer respektieren zu können. Auch versteht die Person, die über eine gesunde Selbstliebe verfügt, sich angemessen wertzuschätzen und sich hinsichtlich ihrer Fähigkeiten realistisch einzuschätzen.

Seel-Sorge für Seelsorger und Seelsorgerinnen

Sich nicht mit der königlichen Energie identifizieren

Um als Seelsorger und Seelsorgerin die königliche Energie in einer angemessenen Weise fruchtbar machen zu können, gilt es, eine angemessene Distanz zur königlichen Energie einzuhalten. Damit kann Seelsorge für Seelsorger beginnen. Sie dürfen sich nicht mit der königlichen Energie identifizieren, sondern müssen sie zum Segen für sich und die anderen einsetzen.

Gerade religiöse Führer bedürfen daher der regelmäßigen Begleitung durch andere, die ihnen helfen, die königliche Energie zum Segen für die, für die sie da sind, einzusetzen. Das Licht, das sie verbreiten möchten, zu nutzen, damit sie die anderen sehen, nicht, um selbst gesehen zu werden. Sich immer wieder bewusst zu werden, dass sie – hoffentlich – zwar im Lichte Gottes gehen, selbst aber – niemals – das Licht sind. Man kann das, so Robert Moore, vergleichen mit einem Planeten, der nicht im Mittelpunkt steht, vielmehr seine Kraft aus den Sternen schöpft.

Wenn sie das vergessen, sind Tür und Tor geöffnet für Anspruchsdenken und Ich-Aufblähung. Einmalig und grandios wie sie sind, so mögen sie denken, gelten für sie eigene Gesetze. Nicht selten werden sie auch in eine solche Rolle gedrängt. Dann müssen sie als Projektionswand für die »Gläubigen« herhalten, die ihnen ihre königliche Energie abtreten, indem sie die Seelsorger oder geistlichen Führer zu heiligen Königen und Königinnen hochstilisieren, statt die königliche Energie für ihr eigenes Leben zu nutzen.

So ist der Seelsorger einer, der nie vergisst, dass er immer nur der kleine Hirt vom großen Hirt ist. Das ist immer noch viel, oft zu viel. Doch das entlastet ihn auch. Ungemein. Es ist der große Hirt, der es richten wird. Nicht er. Er muss es und kann es nicht richten. Das nie zu vergessen bewahrt ihn auch vor der Gefahr, irgendwann einmal doch zu glauben, er sei der große Hirt, der Heiler und Heiland. Der Seelsorger ist einer, der weiß, dass er nicht heilen muss und nicht heilen kann. »Durch seine Wunden sind wir geheilt.« (Jesaja 53,5) Wir also längst geheilt, erlöst sind. Es geht darum, die anderen darin zu bestärken, dass sie erlöst sind. Sie daran glauben, erlöst zu sein, sie ihre Erlösung nicht erst durch Arbeit erkaufen müssen.

Der Seelsorger, der sich annimmt und zu sich selbst
ein positives Verhältnis hat
Seelsorge für Seelsorger kann auf diesem Hintergrund weiter heißen, Seelsorgern zu helfen, sich selbst königlich zu begegnen, indem sie ein positives Verhältnis zu sich selbst haben, über ein gesundes Selbstwertgefühl verfügen, sich annehmen können.

Habe ich ein gesundes Selbstwertgefühl, kann ich mich annehmen, »Ja« zu mir sagen. Ich empfinde dann mir selbst gegenüber herzliche und warme Gefühle, unterhalte zu mir eine gute Beziehung. Ich kann im Bewusstsein und der inneren Gewissheit, wertvoll und liebenswert zu sein, auf andere Menschen zugehen, kann ihre Anerkennung und Zuneigung annehmen. Habe ich dagegen ein geringes Selbstwertgefühl, dann erachte ich mich für wertlos und nicht liebenswert. Ich schleiche mich an meinen Mitmenschen vorbei, halte mich, meine Gedanken, meine Wünsche, mein Wissen und meine Talente zurück.

In meinem aufreibenden Dienst, der mir Anerkennung und Bewunderung einbringt, mag ich meine Möglichkeiten sehen, gesehen und für wertvoll erachtet zu werden. Doch da ich mir selbst keinen Wert zuspreche, mir selbst gegenüber keine warmen Gefühle empfinde, kommt die Wertschätzung anderer nicht bei mir an. Wert meint in diesem Zusammenhang vor allem: unabhängig von dem, was ich leiste und unabhängig davon, ob ich in den Augen der anderen für wertvoll erachtet werde, besitze ich einen unschätzbaren Wert, bin ich wertvoll. Ich muss mir diesen Wert nicht erst erwerben. In all meiner Unzulänglichkeit, bei all meiner Gebrochenheit, bin ich grundsätzlich wertvoll, gibt es in mir einen Schatz, der unantastbar und unzerstörbar ist. Niemand kann ihn mir nehmen. Wichtig ist, dass ich mit diesem Schatz in mir in Berührung bin. Ich mich und mein Leben von diesem Wert her betrachte und beurteile und nicht von den Reaktionen der Außenwelt her.

Es geht bei einem gesunden Selbstwertgefühl aber nicht nur um die Einstellung, die ich mir gegenüber habe oder was ich über mich denke, sondern dass ich ein positives, ein warmes, von Liebe getragenes Verhältnis zu mir habe. Wie bei einer Liebesbeziehung zu einem anderen Menschen geht es bei einem gesunden und positiven Selbstwertgefühl um die Liebesbeziehung, die ich zu mir selbst pflege. Solange ich nicht in der Lage bin, mich selbst zu lieben, mich selbst ganz anzunehmen, werde ich letztlich auch nicht in der Lage sein, einen anderen Menschen wirklich zu lieben beziehungsweise dessen Liebe zu spüren. Sehr treffend wird das in dem Buchtitel eingefangen: »Liebe dich selbst und es ist egal, wen du heiratest.«

Viele Seelsorger verwechseln die Liebe zu sich selbst mit Egoismus. Ihnen ist beigebracht worden, sich selbst zu lieben, sei egoistisch. Doch Menschen, die echte Liebe für sich empfinden, haben viel übrig für andere Menschen. Das wusste schon Meister Eckehart, wenn er meint: »Hast du dich selbst lieb, so hast du alle Menschen lieb wie dich selbst.« Hier wird deutlich: Zunächst gilt es, sich um die Beziehung zu mir selbst zu kümmern, statt vorschnell mich um andere zu kümmern oder von anderen zu erwarten, dass sie für mich tun, was ich für mich tun kann.

Der Seelsorger, der in Beziehung zu sich selbst tritt

Als Seelsorger bin ich da, um andere zu sehen und für sie da zu sein. Nicht in erster Linie, um selbst gesehen zu werden. Das schließt aber mit ein, dass ich zunächst auch mich sehe und für mich da bin, dass ich mir selbst königlich begegne, wohlwollend, segenspendend, dass ich dafür Sorge trage, dass ich fruchtbar werde und fruchtbar bleibe. So besteht Seelsorge für Seelsorger zunächst darin, in Beziehung zu sich selbst zu treten, sich um sich selbst zu kümmern, sich selbst auf eine angemessene Weise Aufmerksamkeit zu schenken. Das kann damit beginnen, in einem Ambiente zu leben, das gemütlich ist. Es einen Raum gibt, in dem ich mich wohl fühle, in dem es Blumen, Kerzen, Bilder gibt. Ich mir Zeit nehme, mich um Pflanzen zu kümmern, dafür Sorge zu tragen, dass sie genügend Wasser bekommen.

Wenn wir das Herz eines Seelsorgers, einer Seelsorgerin sehen wollen, wenn wir ein Gespür dafür bekommen wollen, wer und wie sie wirklich sind, müssen wir uns ihren Alltag anschauen, wie sie leben, wie sie mit sich umgehen, wie sie ihr Umfeld gestalten, wie sie Menschen begegnen und ihre Beziehungen gestalten. Welch eine große Kluft tut sich da oft auf zwischen den großen, oft auch frommen Worten und Gebaren auf der einen Seite und dem Alltag, dem Verhalten in den kleinen, alltäglichen Dingen und der privaten Welt auf der anderen Seite.

Da ist der Seelsorger, der niemanden in sein Haus hineinlässt, weil es vermüllt ist. Ein anderer ist ständig bei seinen Gemeindemitgliedern zu Gast, weil er selbst kein Zuhause hat, sich einsam fühlt. Da ist der Priester, für den alles hundertfünfzigprozentig im Ablauf der Eucharistiefeier sein muss, der aber kein Gespür dafür hat, wie sehr er durch sein Verhalten die Gefühle anderer verletzt. Ein anderer Seelsorger verbringt viele Stunden im Internet, um seine Langeweile und sein Gefühl von Leere durch Computerspiele zu überdecken.

Seelsorge für Seelsorger heißt hier, den Blick, den mutigen Blick auf die eigene Wirklichkeit zu lenken. Die eigene Erbärmlichkeit und Unerlöstheit zunächst in den Blick zu nehmen. Um dann sich der Auseinandersetzung mit sich selbst zu stellen. Wohl wissend, dass der Weg zum Nahen oft der schwierigere Weg ist. Nicht umsonst ziehen wir es – und gerade auch Seelsorger – vor, sich lieber mit der Unerlöstheit, den Schwierigkeiten und den Sünden der anderen zu beschäftigen.

Wenn ich das tue, dann mache ich bereits die ersten Schritte in die Richtung, die mich weiterführt. Ich mache mir nicht länger etwas vor über mich und meine Situation. Ich überspiele, übertünche meine Wirklichkeit nicht länger durch Rationalisierungen oder manchmal auch fromme Sprüche. Ich stelle mich ihr, schaue hin, womit das zu tun hat, und beginne notwendige Korrekturen vorzunehmen.

DIE KRIEGER-ENERGIE
DES SEELSORGERS UND DER SEELSORGERIN

Die Krieger-Energie

Die Kraft, die für die größere Sache eingesetzt wird

Kennzeichen der positiven Krieger-Energie ist die Kraft und die Energie, die eingesetzt wird für die größere Sache. Dabei ist die Sache oft wichtiger als die Person, die eigene Person eingeschlossen. Für die Sache werden eigene Bedürfnisse zurückgestellt. Da die *Hingabe an das Größere* bis hin zum Auslöschen der eigenen Person führen kann, ist die *emotionale Distanz* zu anderen Menschen ein typisches Kennzeichen des Kriegers. Er kann *effektiv verhandeln*, wenn er sich selbst außen vor lässt. Der Krieger ist oft ein *Zerstörer*, doch die positive Krieger-Energie zerstört nur, was zerstört werden muss: Unterdrückung, Korruption, Anspruchsdenken.

Die Schattenseite der Krieger-Energie

Die Schattenseite der Krieger-Energie finden wir in der Persönlichkeit, für die die Arbeitswut typisch ist. Sie schafft sich zu Tode, arbeitet Tag und Nacht, opfert ihr Leben angeblich zum Heil für die anderen. Sie schadet damit sich selbst und anderen, da diese ihren Standards nicht entsprechen können. So treibt diese Person *körperlichen Raubbau* und psychischen Missbrauch an sich selbst und an anderen.

Krieger-Energie und Seelsorger

Der Seelsorger, der sich einsetzt für die größere Sache

Die prophetische Seite
Die Seelsorgerin, die mit der Krieger-Energie ausgestattet ist, marschiert wie die alttestamentlichen Propheten mit der Schelle

in der Hand durch die Gegend und rüttelt die Menschen auf. Sie ist eine, die aneckt, die unbequem ist, die sich einmischt. Die sich nicht darauf beschränkt, für das Wohlbefinden der Seele zuständig zu sein, sondern es auch als eine Aufgabe betrachtet, soziale Missstände anzuprangern. Sie macht sich schmutzig, weil sie auch dahin geht, wo es schmutzig ist, wo es übel riecht.

Sie ist davon beseelt, die Spiritualität für die Welt aufzubrechen, will, dass sie in die Welt, in unseren Alltag, in unsere Wirklichkeit hineinwirkt. Denn, so der Künstler Josef Beuys: »Das Mysterium findet im Hauptbahnhof statt.« Das erinnert an den protestantischen Theologen Paul Tillich, der sagt: »Wenn ich gefragt werde, was der Beweis für den Sündenfall der Welt ist, pflege ich zu antworten, die Religion selbst, nämlich eine religiöse Kultur neben einer Welt in dieser Kultur und – ein Tempel neben einem Rathaus, das Abendmahl neben einem täglichen Abendessen, das Gebet neben der Arbeit, Meditation neben Forschung, caritas neben eros ...«

Unserer Spiritualität fehlt oft der Dreck des Alltags, die Banalität, die die Wirklichkeit der meisten Menschen ausmacht. Sie vermag da nicht hineinzuwirken, bleibt außen vor. Und wir »Spirituelle« – sind wir doch ehrlich – möchten uns oft die Hände nicht schmutzig machen, ziehen es vor, schöne spirituelle Gedanken zu entwickeln und dabei natürlich die Armen, Entrechteten, Leidenden zu bedenken. Aber satt essen wir uns, schön und bequem wohnen wir. Gut versorgt und privilegiert sind wir.

Um dieser prophetischen Aufgabe nachkommen zu können, die es erfordert, gegen das Gängige anzugehen, ja es auch zu hinterfragen, bedarf es der Energie des Kriegers beziehungsweise der Kriegerin, bei der wir auch einmal in die Offensive gehen. Ist die Energie des Kriegers verbunden mit der erwachsenen und königlichen Energie, zeichnet sich die Person dadurch aus, dass sie mutig und entschieden für die gerechte Sache eintritt und das zerstört, was zerstört werden muss, damit etwas

Neues, Lebendiges entstehen kann. Darin kommt die prophetische Seite von ihr zum Ausdruck.

Da gibt es den Seelsorger, der in die Rotlichtviertel geht, um für in Not geratene Prostituierte als Gesprächspartner zur Verfügung zu stehen. Ein anderer Seelsorger geht auf die Barrikaden, demonstriert, äußert sich kritisch über gesellschaftliche und kirchliche Ungerechtigkeiten. Dann gibt es den Priester, der in die Vorstädte geht, sich mit den Gangs auseinandersetzt, für sie Orte der Begegnung schafft, in vielerlei Hinsicht zunächst einem Sozialarbeiter gleicht, die priesterliche Seite nur ganz vorsichtig durchscheint.

Ein Beispiel dafür ist Stan Bosch, 54 Jahre alt, Ordensmann und Priester, der im Süden von Los Angeles mit Jugendlichen arbeitet, die total aus dem sozialen System herausgefallen sind. Er sagt ihnen, dass er sie niemals beurteilen oder verurteilen würde, und hält sich auch daran. So begannen sie über sich zu erzählen, dass sie Drogen nehmen, sich mit ihren Müttern betrinken, für viele Tage alleingelassen werden. Sie berichten von ihren Diebstählen und Einbrüchen und dem Wunsch, am liebsten wieder im Gefängnis zu sein, da sie dort ein Bett und regelmäßig zu essen hätten. Diese Jugendlichen will niemand. Stan Bosch bietet den Jugendlichen eine Art Gruppentherapie an. »Wie geht es dir? Wie fühlst du dich?«, danach fragt diese Jugendlichen sonst niemand.

»Was ist der Grund, warum wir da sind?«, fragt Stan Bosch die zwölf anwesenden Jugendlichen bei einer Gruppenstunde. »Das Zeug herauszubekommen, so dass es nicht in einem brennt«, antwortet ein 17jähriger Junge. »Schön«, antwortet Stan Bosch. Der Priester macht sich nichts vor. Er erwartet keine Wunder. Hauptsache, die Jugendlichen überleben und sind vielleicht in der Lage, sich mit dem Schmerz anderer zu solidarisieren.[9]

Der Seelsorger, der die menschliche, bedürftige Seite vernachlässigt

Der arbeitswütige Seelsorger, der wie eine spirituelle Maschine wirkt

Wenn bei dem Seelsorger, der mit der Krieger-Energie ausgestattet ist, die menschliche, bedürftige Seite nicht vernachlässigt wird, kann ein solcher Priester überzeugen. Im Unterschied zu jenem Priester, der sich einsetzt, dabei aber auf Dauer sich selbst und seine Grundbedürfnisse außer Acht lässt. Er will gemäß dem Pauluswort allen alles sein, vergisst dabei aber sich selbst. Für ihn könnte es zutreffen, wie es in einem Witz etwas überzogen heißt, dass er sich ins Taxi setzt und auf die Frage des Taxifahrers, wohin er denn will, antwortet: »Ganz egal, wohin Sie mich fahren. Ich werde überall gebraucht.«

Schaut man kritisch auf einen solchen Priester, so erinnert er an eine spirituelle Maschine. Ihm fehlt nicht nur die angemessene Sorge um sich selbst, sondern auch die angemessene Sensibilität für seine Mitarbeiter. Bei ihm besteht die Gefahr, dass alles zur Leistung wird, selbst die Freizeitgestaltung und das Beten. Einhergehend damit wird er in seiner Arbeit und in der Art und Weise, wie er sich erlebt, geschweige denn in seinem Beten kaum Freude und Lust verspüren. Seine Frusterfahrung drückt sich dann in Äußerungen aus wie: »Wir sind zu allem bereit, aber wir sind zu nichts zu gebrauchen!« Oder: »Jeder macht, was er will, keiner macht, was er soll, aber alle machen mit!« Oder: »Wir wissen zwar nicht, was wir wollen, aber das mit ganzer Kraft!« Oder: »Die Lücke, die wir hinterlassen, ersetzt uns vollkommen!«

Sr. Petra, Benediktinerin und zugleich Pastoralreferentin in einer großen Pfarrei, kommt in der Regel zu spät zu den Gebetszeiten und Mahlzeiten ihrer Gemeinschaft. Sie ist ständig auf Achse. Sie ist die Ansprechpartnerin in der Gemeinde, ist zuständig für die Firmkatechese, hat sechs Stunden Religionsunterricht in der Woche zu halten, zwischendurch fallen immer wieder Beerdigungen an, am Abend finden diverse Sitzungen statt und so weiter. Auch an den Wochenenden ist sie ständig mit irgendwelchen Aktivitäten beschäftigt.

Zu Hause angekommen, arbeitet sie bis spät in die Nacht an ihrem Laptop, um Predigten oder den Unterricht vorzubereiten. Sie findet viel Anerkennung in der Gemeinde für ihren Einsatz. Ihre Mitarbeiter aber hegen ambivalente Gefühle ihrer Chefin gegenüber. Zum einen bewundern sie, zum anderen merken sie, dass sie den hohen Erwartungen von Sr. Petra nicht entsprechen können. Sie kritisiert sie oft und konfrontiert sie mit ihrer Unfähigkeit. Auffällig viele Mitarbeitern gehen nach kurzer Zeit wieder, da sie sich nach kurzer Zeit überfordert fühlen.

Die Mitschwestern von Sr. Petra spüren, dass sie etwas bei ihr vermissen. Sie lebt nicht wirklich mit ihnen. Sie kennen sie nicht wirklich. Kaum fängt man einmal an, über etwas Persönliches zu sprechen, beginnt sie von ihrer Arbeit zu sprechen. Bei Gemeinschaftsveranstaltungen geht sie der direkten Aussprache miteinander aus dem Wege. Spricht man sie daraufhin an, erwähnt sie die viele Arbeit, die sie habe und die vielen Bedürfnisse der Pfarrangehörigen, denen sie gerecht werden müsse. Sie erinnert ihre Mitschwestern daran, dass das auch die Aufgabe und Mission des Ordens sei.

Sr. Petra verwechselt harte Arbeit und Einsatz für andere mit Arbeitswut. Der Workaholiker arbeitet nicht nur hart, er stellt unmöglich erreichbare hohe Standards auf und ist besetzt von dem Gefühl, nie gut genug zu sein. Sein Bedürfnis, andere zufrieden zu stellen, ist so stark in ihm vorhanden, dass er nicht in der Lage ist zu erkennen, zu welch verheerenden seelischen und körperlichen Folgen das führen kann. Er kennt bei sich ein starkes Bedürfnis, andere zu kontrollieren und Situationen zu beherrschen. Es fällt ihm schwer, Verantwortung zu delegieren: »Um sicherzugehen, dass es gut gemacht wird, muss ich es selbst machen.«

Die ausgebrannte Seelsorgerin

Beim ausgebrannten Seelsorger, bei der ausgebrannten Seelsorgerin fehlt eine notwendige Ausgeglichenheit zwischen Arbeit und freier Zeit. Es bleibt wenig oder kaum Zeit, persönliche Beziehungen aufzubauen und zu pflegen. Die Sorge um sich selbst wird sehr klein geschrieben. Gesundheitliche Probleme werden solange übergangen, bis sie nicht länger zu übersehen sind. Von einem Projekt zum anderen hetzend, fühlt sich der Workaholiker am lebendigsten, wenn er so mitten drin ist in seinem Stress. Das gibt ihm einen Kick. Die Kehrseite ist, dass der Workaholiker die Arbeit dazu benutzt, unangenehmen Gefühlen aus dem Weg zu gehen, und dabei immer unsensibler wird gegenüber seinen Wünschen und Bedürfnissen. Seine Umgebung merkt, dass die Arbeit ihm wichtiger ist als Beziehungen, mit dem Ergebnis, dass sie sich immer mehr zurückziehen.

Konfrontiert man den Workaholiker mit seinem Verhalten, trifft man in der Regel auf Widerstand. Lässt sich der Workaholiker mit der Zeit auf Hilfe und Beratung ein, werden sich oft in seiner Kindheit Gründe für sein Verhalten ausmachen lassen. Oft musste er in einer schwierigen oder chaotischen Familie die Verantwortung übernehmen. Geduldig kann es weiter darum gehen, in dem Workaholiker mit der Zeit ein Gespür dafür zu wecken, dass er ein Recht besitzt, sich um sich und seine Gesundheit zu kümmern. Überzeugungen wie »Ich bin nur dann liebenswert, wenn ich erfolgreich bin« müssen durch Überzeugungen wie »Ich bin liebenswert so wie ich bin, nicht aufgrund meiner Arbeit« ersetzt werden.

Wenn die Sorge um uns selbst zu kurz kommt, wenn ein notwendiger Ausgleich zwischen *pain-area*, dem Arbeitsbereich, und *play-area*, dem Freizeitbereich, nicht gewährleistet wird, besteht die Gefahr, dass wir innerlich ausbrennen. Was versteht man ursprünglich unter Burn-out? Unter Burn-out versteht man zunächst einmal, wenn das Innere eines Gebäudes ausgebrannt ist. Weiter kann Burn-out den Zusammenbruch eines Stromkreislaufes bedeuten, wenn durch eine zu hohe Temperatur die Sicherung durchgebrannt ist. Schließlich kann ein Burnout nach einem Waldfeuer entstehen, bei dem der vitale Humusboden zerstört wurde. Beziehe ich das jetzt auf den Menschen, dann kann Burn-out heißen: Dieser Mensch wirkt wie ein ausgebranntes Haus, ein Haus, dessen Inneres ausgebrannt ist. Oder: Diese Person, die einst über viel Energie verfügte, verfügt jetzt über keine Energiezufuhr mehr. Oder aber: Diese Person verfügt nicht mehr über die Kraft, sich selbst zu erneuern. Diese Kraft ist zerstört worden.

Die Gründe dafür sind vielfältig. Einmal ist es ein sehr stark ausgeprägtes Verantwortungsgefühl, dann ein geringes Selbstwertgefühl. Wenn der Seelsorger ständig mehr gibt, als an physischer und psychischer Energie vorhanden ist, oder er meint, alles hundertprozentig tun zu müssen, läuft er Gefahr auszubrennen.

Seel-Sorge für Seelsorger und Seelsorgerinnen

Der Seelsorger, der sich nicht länger hinter der Maske versteckt
Die menschliche, bedürftige Seite kommt beim Krieger nicht zum Tragen und zum Zuge. Sie bleibt verborgen hinter der *persona*. Nach tiefenpsychologischem Verständnis steht die *persona* für das, was man auch Maske nennt. Es ist das Gesicht, das ich nach außen hin trage. Etwas überzogen könnte man auf den Seelsorger hin formulieren: von ihm wird erwartet, dass er heilig ist oder heiligmäßig, erfüllt von Glauben und Liebe, geduldig und sanft.

Wenn wir uns einmal anhören, was von dem Bischof im 1. Timotheusbrief erwartet wird, und das auf den Seelsorger übertragen, dann wird deutlich, welch hohe Anforderungen hier an den Seelsorger gestellt werden. Da heißt es: »Er soll ein Mann sein ohne Tadel, nur einmal verheiratet, nüchtern, besonnen, von würdiger Haltung, ganz freundlich, fähig zu lehren, kein Trinker, kein gewalttätiger Mensch, sondern rücksichtsvoll, nicht streitsüchtig und nicht geldgierig.«

Will man all diesen Erwartungen gerecht werden, kann einem das schon ganz schön zu schaffen machen. Es führt nicht selten dazu, dass ich nach außen hin versuche, diesen Erwartungen gerecht zu werden, innerlich aber nicht dahinterstehe und mir Auswege suche, oft mit dem Ergebnis, dass eine immer größere Kluft entsteht zwischen dem, was ich nach außen hin vorgebe und anscheinend lebe, und dem, was wirklich meine Überzeugung ist oder ich dann eben versteckt, hinter der Maske, verborgen lebe.

Genau das aber ist dann oft Grund und Ursache für seelisches Unwohlsein unter Seelsorgern. Der Seelsorger spürt, dass es eine immer größere Kluft gibt zwischen dem Außen und dem Innen, und er erlebt sich selbst nicht länger als stimmig. Er investiert viel Energie in das Bemühen, die äußere Fassade aufrechtzuerhalten und das, was er eigentlich denkt, zu verstecken oder im Verborgenen zu leben. Viel Energie wird dadurch verbraucht, viel Kraft verschlissen.

Der andere Weg wäre – und damit beginnt die Seelsorge –, dass ich mir bewusst mache, dass es diese und jene Anforderungen gibt, die mit meinem Berufsbild verbunden sind. Dass es Verhaltensweisen und Einstellungen gibt, die ich auch für richtig erachte und die auch mit Recht andere von mir erwarten dürfen. Es zugleich aber auch meine eigene Wirklichkeit als Mensch gibt und ich in vielem hinter diesen Erwartungen zurückbleibe. Dabei kann folgende Sichtweise, wie sie im 1. Buch Samuel Kapitel 16,7 zum Ausdruck gebracht wird, hilfreich und trostreich sein:

»Der Herr aber sagte zu Samuel: Sieh nicht auf sein Aussehen und seine stattliche Gestalt, denn ich habe ihn verworfen; Gott sieht nämlich nicht auf das, worauf der Mensch sieht. Der Mensch sieht, was vor den Augen ist, der Herr aber sieht das Herz.«

Aus einer solchen Perspektive heraus bin ich auch bereit, auf meine Bedürfnisse, auf meine Wünsche, auf meine Sehnsüchte zu schauen, diese ernst zu nehmen, diese nicht einfach zu übergehen. Ich bin weiter dazu bereit, auf meine Schattenseite zu schauen. Da aber werde ich sehr wohl spüren, dass ich nicht nur freundlich, großherzig und liebevoll bin, sondern dass es in mir auch Neid, Eifersucht und Engherzigkeit gibt, sie auch zu mir gehören.

Manche Seelsorger wirken auch deshalb so farblos, weil sie so nett, lieb, freundlich und gefällig sind. Sie sind im Grunde genommen austauschbar. Sie haben kein Gesicht, keine Farbe, keine Konturen. Jemand, der ohne Schatten lebt, ist ja auch im Grunde genommen unsichtbar. Es verhält sich dann wie im Falle des Teufels, dem jemand seinen Schatten abgibt, mit dem Ergebnis, dass er nicht länger gesehen wird. Der Schatten gibt unserer Persönlichkeit Konturen. Auch in unseren Bedürfnissen und Wünschen erhalten wir Konturen, Farbe.

Ich kann, will und muss nicht immer all das zeigen, was mich im Tiefsten ausmacht. Aber das kann nicht heißen, dass ich letztlich mich selbst auf meine Maske reduziere beziehungsweise mein eigentliches Wesen, meine eigenes Leben, ja überhaupt mein Leben ganz woanders stattfindet, und das im völligen Gegensatz zu dem, was ich nach außen hin vermittle.

Ich habe oft den Eindruck, dass es gar nicht so sehr das Fehlverhalten ist, was Menschen krank macht, was sie seelisch belastet. Es ist vielmehr die Unwahrhaftigkeit, das Nicht-dazu-Stehen, das Verschleiern. Der Ausweg und die Aufgabe auch von

Seelsorge besteht darin, Seelsorgern zu helfen, zu sich zu stehen, mit sich in Berührung zu kommen, mit ihren Bedürfnissen, ihren Sehnsüchten. Dass sie zu ihrem Verhalten, auch zu ihrem Fehlverhalten stehen, sich da nichts vormachen. Damit beginnt es. Sind wir dazu bereit, werden wir feststellen, dass wir nicht vollkommen sind, dass wir fehlerhaft sind und bis zum Ende unseres Lebens unvollkommen bleiben werden. Das muss uns aber nicht davon abhalten, auch immer wieder unsere Stärken zu sehen. Wir würdigen dann das, was wir leisten, was wir können, und stehen bei allem Offensein und Bemühen, ganz, vollkommen zu sein oder zu werden, zu unserer Unvollkommenheit und Erbärmlichkeit.

Spirituell ausgedrückt, würde das für mich heißen: Ich glaube, wir lassen, wenn wir uns mal als ein Haus verstehen, Gott in fast alle Räume unseres Hauses eintreten. Da sind wir transparent, da darf er hineinschauen, da darf er sich breitmachen. Und dann gibt es so ein paar Nischen und ein paar Ecken, vielleicht auch ein paar Zimmerchen, da lassen wir ihn lieber außen vor. Hier ginge es darum, auch in diesen paar Zimmerchen und diesen paar Nischen Gott hereinzulassen, ganz hereinzulassen, ganz transparent zu werden, zumindest für Gott, da darf es eigentlich nichts mehr geben, was ich versuche vor ihm verborgen zu halten. Und dann gibt es andere Seelsorger, spirituelle Begleiter, Therapeuten, schließlich Freunde und Kollegen, mit denen ich mich verstehe, die ich auch in diese verborgenen Räume von mir hereinlasse.

Der Seelsorger, der zu seinen Bedürfnissen, Wünschen und Sehnsüchten steht
Seelsorge für Seelsorger kann hier auch heißen, Seelsorgern und Seelsorgerinnen bewusst zu machen, dass ein gesunder Ungang mit unserem Leib und seinen Bedürfnissen und eine angemessene Berücksichtigung unserer psychischen Bedürfnisse und

Wünsche Voraussetzung für eine engagierte und wirkungsvolle Seelsorge ist. Freude und Lust an der seelsorglichen Arbeit sich einstellen beziehungsweise erhalten bleiben, wenn sie in einer angemessenen Weise auf die Bedürfnisse ihres Leibes und ihrer Seele achten. Der Dichter Johann Peter Hebel schreibt: »Wir sind Pflanzen, die – wir mögen's uns gerne gestehen oder nicht – mit den Wurzeln aus der Erde steigen müssen, um im Äther blühen und Früchte tragen zu können.«

Das übersieht und überhört der Seelsorger, der einseitig mit der Krieger-Energie ausgestattet ist. Die »spirituelle Maschine«, die er ist, ist Ausdruck einer Spiritualität, die mechanisch wirkt, die ohne Bezug zu seinem Leib und seiner Seele steht. Entsprechend leiblos und seelenlos ist sie auch. Aber, was noch schlimmer ist, sie trägt zur Entwurzelung und Entseelung des Seelsorgers selbst bei.

So ermutigt eine Seelsorge für Seelsorger, sich um ihren Körper zu kümmern. Das kann zum Beispiel heißen, genügend zu schlafen. Wir haben den Mythos entwickelt, wonach Menschen, die wenige Stunden schlafen, produktiver und in einer gewissen Weise erfolgreicher sind. Tatsache dagegen ist, dass gut ausgeschlafene Menschen zielgerichteter und effizienter sind als Personen, die zu wenig Schlaf haben.[10] Es ist wichtig, die Botschaften unseres Körpers wahrzunehmen und zu respektieren. Die Botschaften und unseren Körper nicht in ein künstliches Muster zu zwingen, das dazu führt, dass wir übermüdet sind.

Sich Zeit für sich selbst zu nehmen, sich zu erholen, sich aufzufrischen, aufzutanken, etwas Zweckfreies, um des Spaßes wegen zu tun, ist elementar, um ausgeglichen und lustvoll als Seelsorger leben zu können. Dazu gehört, ganz bewusst die freie Zeit zu gestalten, auch einmal auszuschlafen, zu schwimmen oder in die Sauna zu gehen, zu wandern, sich ein schönes Essen mit Freunden zu gönnen. Wir kommen damit einem grundlegenden Bedürfnis unseres Leibes und unserer Seele nach.

Neben dem Leib ist die Würdigung unserer Psyche und das Eingehen auf ihre Bedürfnisse entscheidend, ob wir als Seelsorger Lust am Leben und an unserem Dienst haben. Bei dem Seelsorger besteht die Gefahr, dass das Religiöse und die Beschäftigung damit, das Eintauchen in religiöse Gefühle, so viel Platz in seinem Leben und psychischen Haushalt einnimmt, dass die vorhandenen psychischen Kräfte dabei völlig aufgebraucht werden und andere Bereiche zu kurz kommen.

Um zu verhindern, dass es so weit kommt, ist es wichtig, für einen psychischen Ausgleich zu sorgen. Das kann heißen, genügend Urlaub machen, wandern, singen, ein Instrument spielen, einen Konzert- oder Theaterbesuch unternehmen, einen Roman lesen. Malen, Gedichte schreiben, tanzen oder Musik spielen. Das gilt auch für die Kunst, deren Aufgabe es ist, uns aus der Tretmühle unseres auf Funktionieren ausgerichteten täglichen Lebens emporzuheben. Spielen kann eine wichtige Voraussetzung dafür sein, um in uns eine gesunde Balance herzustellen, um in den Sorgen, im Funktionieren nicht aufzugehen. Beim Spielen handelt es sich um eine Erfahrung, bei der wir wieder kreativ werden. Es schafft mitunter die Voraussetzung, um wieder Lust am Leben zu erfahren. Zum Spielen gehört auch das Spielen miteinander. Zum Beispiel das Kartenspiel, das früher auch unter Priestern oft üblich war.

Kommen diese Bereiche im Leben eines Seelsorgers immer weniger vor, wird er mit der Zeit des Religiösen überdrüssig. Es wird zur Last, zur Routine. Die Quelle, die Frische, die Lebendigkeit, Saft, die Freude und Lust ermöglicht, versiegt dann mit der Zeit. Seelsorge für Seelsorger heißt hier: dem Seelsorger bewusst zu machen, dass er einen Anspruch hat auf ein privates Leben, mit ihm anzuschauen, welche Vorstellungen, aber auch welches Verständnis von Spiritualität ihn davon abhalten, sich in einer angemessenen Weise um sich selbst zu sorgen und eine gesunde Balance zwischen Arbeit und Dienst einerseits und privatem Leben und Entspannung andererseits zuzulassen und anzustreben. Dabei werden oft auch tiefer liegende Ursachen zutage treten wie ein geringes Selbstwertgefühl oder sehr ideale Vorstellungen, wie ein Seelsorger zu sein hat (»Allen alles sein«), auf die dann entsprechend mit Hilfe von psychotherapeutischer oder spiritueller Begleitung näher eingegangen wird.

Die Ehre Gottes ist der lebendige Mensch

Seelsorger werden dann Lust am Leben haben, wenn sie ein positives, ein wohlwollendes, ein von Liebe getragenes Verhältnis zu sich selbst haben und sich dementsprechend sich selbst gegenüber verhalten, sich auch in einer angemessenen Weise sich selbst gönnen. Das hat nichts mit Egotrip zu tun. Wenn ich mich in einer angemessenen Weise um mich selbst kümmere, meinen fundamentalen leiblichen und seelischen Bedürfnissen nachkomme, dann habe ich auch ganz viel übrig für andere. Je mehr ich in der Lage bin, ich dazu fähig bin, mich um mich selbst zu kümmern, desto weniger müssen es andere tun, einschließlich Gott.

Irenäus von Lyon sagt: »Die Ehre Gottes ist der lebendige Mensch, und das Ziel des Menschen ist das Schauen Gottes.« Dieser lebendige Mensch zu sein ist auch dem Priester zugesagt. Ihm ist weiter ein Leben in Fülle zugesagt. Pater de Mello meint, das Leben ist einem Buffet vergleichbar. Doch wir schlafen oft und nehmen dieses Buffet, das für uns gerichtet ist, nicht wahr, bis wir aufwachen und die Möglichkeiten der Fülle des Lebens entdecken. Es gilt daher, immer wieder aufzuwachen und bei all dem Vorgegebenen an Arbeit, an Bestimmungen, an dem, was anscheinend spirituell ist, immer wieder offen zu sein, Neues zu entdecken, sich von dem, was anscheinend vorgegeben ist, was zu erfüllen ist, nicht abschrecken zu lassen, hinter den Wolken schließlich doch die Sonne in sich und außerhalb von sich zu entdecken. Wann haben Sie zum Beispiel das letzte Mal richtig gestaunt? Wann sind Sie das letzte Mal richtig ergriffen gewesen vom Heiligen?

Damit so etwas möglich ist, ist es wichtig, dass in uns ein Raum dafür da ist, in uns Energie dafür da ist, frische Energie, wir also nicht vollgestopft sind von irgendwelchen Vorschriften, routinemäßig zu vollziehenden Vorrichtungen, die uns den Atem nehmen. Lust am Leben stellt sich auch ein, wenn ich, statt darauf fixiert zu sein, was ich nicht kann und wo ich hinter dem zurückbleibe, was ich von mir selbst erwarte, immer wieder auch meine Stärken sehe. Ich würdige dann das, was ich leiste, das, was ich kann, und stehe bei allem Offensein und Bemühen, ganz, vollkommen zu sein oder zu werden, zu meiner Unvollkommenheit und Erbärmlichkeit.

Lust am Leben als Seelsorger und Seelsorgerin kann sich auch einstellen, wenn wir, in einer angemessenen Weise Sorge um uns selbst tragend, uns immer wieder auch hingeben, herschenken, für andere da sind. Diese Freude, diese Lust an der Hingabe sollen Seelsorger sich nicht nehmen lassen und müssen sie sich auch nicht nehmen lassen. Sie müssen aber eingebunden und festgemacht sein an der Fähigkeit, in angemessener Weise auch für sich selbst da zu sein und für sich zu sorgen. Bei der Eröffnung des Recollectio-Hauses in Münsterschwarzach sagte der geistliche Schriftsteller Henri J. M. Nouwen:

»Jesus gab, er gab das Brot, er gab sich selbst, er hat sich für uns hingegeben. Geben ist ein Zeichen der Liebe. Wir müssen uns *geben*. Wenn wir uns geben, wegschenken, dann werden wir nicht ärmer, sondern reicher. Seelsorge heißt, dass wir uns geben und hingeben, uns verschenken. Das können wir nur, weil Jesus sich uns geschenkt hat und uns immer wieder schenkt. Das Geben heilt auch unsere Wunden, es öffnet sie, dass sie zur Quelle der Liebe werden für andere ... Wir geben nicht unsere Fülle, wir geben gebrochenes Brot, wir geben uns in unserer Gebrochenheit, wir geben uns in unserer Not. Aber indem wir uns darin verschenken, werden wir zu Brot für andere.«

Der hl. Benedikt lädt zum Leben im Kloster ein mit den Worten: *Wer hat Lust zum Leben?* (Regel Benedikts, Prolog,15) Wenn Priester-Werden und Priester-Sein als Einladung zur Lust, zur Freude am Leben verstanden und entsprechend gelebt wird, werden Priester wieder mehr Lust am Leben als Priester erfahren dürfen.

DIE LIEBHABER-ENERGIE DES SEELSORGERS UND DER SEELSORGERIN

Die Liebhaber-Energie

Das Verlangen, das Leben in Fülle zu erfahren

Die Liebhaber-Energie steht unter anderem für Eros mit seiner Sehnsucht, Seele und Leib miteinander zu verbinden. Die Person, die mit der Liebhaber-Energie ausgestattet ist, verlangt es danach, das Leben in seiner Fülle auszukosten. Sensibel, wie sie ist, leidenschaftlich, wie sie empfindet, kann sie in einem Sandkorn die Welt sehen, spürt sie, wie sehr alles in unserem Leben miteinander in Beziehung steht. Diese besondere Gabe bringt sie in die Nähe des Lebensfeuers, das in der Liebe brennt. Der Mann, die Frau unter dem Einfluss der Liebhaber-Energie möchten berühren und berührt werden.[11]

Der mit der Liebhaber-Energie Ausgestattete spürt und erfährt Freude als tiefe Erfahrung in sich. Seine Leidenschaftsfähigkeit macht ihn zugleich aber auch empfänglich für tiefen Schmerz und Mitgefühle. Wir spüren die Liebhaber-Energie im unsterblichen Verliebtsein, wir spüren sie, wenn sie unsere Welt in die göttliche Welt der Ekstase und des Vergnügens auf der einen Seite und die Welt des Schmerzes und der Trauer auf der anderen Seite eintaucht.

Den Liebhaber entdecken wir oft in den Künstlern. Wir finden ihn weiter unter den Männern und Frauen, die besonders sensibel sind für psychische Prozesse, die über einen sechsten Sinn verfügen. Wir finden sie aber auch überall dort, wo Menschen ihren Ahnungen und ihrer Intuition trauen.

Die Schattenseite der Liebhaber-Energie

Die Schattenseite der Liebhaber-Energie zeigt sich in der Unfähigkeit, sich begrenzen zu können. Dann ist der Liebhaber Gefangener seiner Gefühle, verloren im Meer seiner Gefühle. »Er ist nicht der Meister seines Schicksals.« Er kann sich nicht kontrollieren, kann seinen Gefühlen der Faszination nicht widerstehen. Verlorensein – das ist die wohl beste Charakterisierung für ihn. Verlorensein im Tanz der Illusion, aus dem er nicht mehr herauskommt.

Die negative Liebhaber-Energie kann sich weiter in einer nicht enden wollenden Ruhelosigkeit Ausdruck verschaffen. Dann ist der Liebhaber ständig auf der Suche, letztlich immer unzufrieden, sucht außerhalb von sich, was er nur in seiner eigenen Tiefe finden kann. Er ist nicht dazu bereit, sich seiner Sterblichkeit zu stellen, seine Endlichkeit zu akzeptieren.

Liebhaber-Energie und Seelsorger

Die mit Liebhaber-Energie ausgestattete Seelsorgerin

Die Seelsorgerin, die »mit dem Herzen denkt«
Wir begegnen der Liebhaber-Energie in Seelsorgern und Seelsorgerinnen, deren Predigt angereichert ist durch Bilder und Geschichten, die »mit dem Herzen denken« und nicht nur mit dem Kopf. Sie singen durch ihre Predigt. Sie strahlen Enthusiasmus und Lebendigkeit aus. Die Seelsorgerin, der die Liebhaber-

Energie abgeht, macht dagegen ihren Dienst nach Vorschrift. Da ist keine Leidenschaft, kein Eros, kein Feuer zu spüren. Für den Seelsorger ist es daher wichtig, mit seinen Gefühlen in Berührung zu sein.

»Wer mit einem verschlossenen Herzen lebt, könnte ebenso im Laderaum eines Schiffes auf Kreuzfahrt gehen. Er ahnt und begreift nichts von der Bedeutung, dem Abenteuer, der Erregung und Herrlichkeit des Lebens«, sagt der Begründer der Bioenergetik, Alexander Lowen.

Es ist im Grunde genommen selbstverständlich: Nur wer mit seinen Gefühlen in Berührung ist, nur wer seine Gefühle würdigt, nur wer in einer angemessenen Weise seinen Gefühlen auch immer wieder Ausdruck verleiht, wird auch in der Lage sein, überhaupt erst so etwas wie Lust am Leben zu erfahren.

»Wenn die Priester ihre Herzen, ihre Gefühle lebendig und jung erhalten, machen sie schließlich auch etwas Törichtes, Verrücktes. Wenn sie ihre Herzen, ihre Gefühle unterdrücken, werden sie nie die Fülle ihrer Berufung erreichen, noch Schlimmeres, sie werden lebendig tot sein.« (Vann)

Die Gefühle sind die direkten Ausläufer unserer Seele. Sie sind die Fühler unserer Seele. Über unsere Gefühle kommen wir in Berührung mit unserer Seele und der Seele des anderen. Thomas Mann sagte einmal sinngemäß, dass Gott den Menschen geschaffen hat, damit er über den Menschen seine Gefühle zum Ausdruck bringen kann. Es ist für den Seelsorger wichtig, dass er zu seinen Gefühlen steht, auch um über seine Gefühle Gott zum Ausdruck zu bringen. Es ist weiter wichtig, dass er mit seinem Herzen, mit seinen Gefühlen in Berührung ist, damit auch er Gott in sich spüren kann, bis dahin, dass er in der Erfahrung seiner Lust Gott und Gottes Anwesenheit in sich und seinem Leben spüren kann.

Genießen können

»Wenn ich mir nicht genug erlaubte Freuden gönne, besteht die Gefahr, dass ich unerlaubte Freuden suche«, hat einmal ein Seelsorger gesagt. Um Lust am Leben als Seelsorger erfahren zu dürfen, ist es immer auch wichtig, dass ich genießen kann. Es geht um die Fähigkeit, etwas zum Beispiel mit Spaß essen zu können, sich an einem guten Wein erfreuen zu können. Dazu gehört auch, das Verlangen unseres Eros nach Sinnlichkeit angemessen zu würdigen.

Nicht wenige, darunter auch zölibatär lebende Seelsorger, »ziehen sich«, oft mit schlechtem Gewissen, einen Sexfilm »rein«, um dadurch erregt zu werden. Nur moralisierend in diesem Zusammenhang den Zeigefinger zu erheben bringt meiner Meinung nach nicht viel. Wichtiger erscheint es mir, hinzuschauen, was denn hinter diesem Bedürfnis steht. Dabei wird man entdecken, dass dahinter oft ein selbstverständliches und natürliches Verlangen nach Sinnlichkeit oder auch ähnlichen Erfahrungen steht. Für den zölibatär Lebenden kann das heißen, dafür Sorge zu tragen, dass in seinem Leben Eros und Sinnlichkeit nicht zu kurz kommen. Je mehr in seinem Leben Sinnlichkeit vorkommt, die mit seinem zölibatären Lebensstil in Einklang zu bringen ist, desto mehr werden Formen von Sinnlichkeit oder Sexualität, die sich als schal und oberflächlich erweisen oder mit dem ehelosen Leben nicht in Einklang zu bringen sind, überflüssig.

Die Seelsorgerin, die von ihrer Liebhaber-Energie überschwemmt wird

Die Schattenseite der Liebhaber-Energie sieht man in der Seelsorgerin, die überschwemmt wird von ihren Gefühlen. Sie sieht sich nicht in der Lage, ihre Gefühlswelt kanalisieren zu können – und das sowohl in ihrem Dienst wie auch in ihrem privaten Leben. Sie übergeht notwendige Grenzziehungen, mit dem Ergebnis, dass sie sich verausgabt und Grenzen anderer nicht respektiert.

Seelsorger und Seelsorgerinnen, die das »göttliche Feuer« besonders stark in sich spüren, müssen auf der Hut sein, dass sie das Feuer nicht davonträgt.

Wehe, wenn sie plötzlich glauben, selbst das Feuer zu sein, statt dessen Verwalter und Vermittler. Sie müssen gut geerdet sein, wie durch ein unsichtbares Seil immer wieder mit ihrem Pol als normal Sterblicher verbunden bleiben. Für sie gelten die gleichen Regeln der Moral, die gleichen Tugenden wie Bescheidenheit und Demut. Wenn sie das vergessen, sind Tür und Tor geöffnet für Anspruchsdenken, bis hin zu sexuellen Verfehlungen und Süchten. Wenn sie sich in ihrem Einsatz oder ihren Predigten verausgaben, dann besteht die Gefahr, dass sie von dem »göttlichen Feuer« überflutet werden und sie nicht mehr die Kurve bekommen.

Seel-Sorge für Seelsorger und Seelsorgerinnen

Mit den Gefühlen in Berührung kommen und ein positives Verhältnis zu Eros entwickeln

Oft ist die Liebhaber-Energie aus uns ausgetrieben worden. Verfügen wir über keine Liebhaber-Energie, fehlt es uns an Enthusiasmus und Lebendigkeit. Haben wir Zugang zur Liebhaber-Energie, fühlen wir uns energetisiert, leidenschaftlich, verbunden, begeisterungsfähig. Vom Liebhaber her erwächst uns Sinn, die Offenheit für das Unendliche und Ewige. Es ist der Liebhaber, der an eine bessere Welt glaubt. Es ist der Idealist und Träumer.[12]

Wenn wir auch als Seelsorger und Seelsorgerinnen wirklich leben möchten, gilt es, die Spontaneität und die Freude in uns *wieder* zu entdecken und zum Ausdruck zu bringen. Dann werden nicht nur wir ganz, voll, erfüllt leben, *Leben in Fülle* erfahren, sondern auch anderen dazu verhelfen. Seelsorge für Seelsorger kann sich hier darin zeigen, Seelsorgerinnen zu helfen, mit ihren wahren Gefühlen in Berührung zu kommen und ihnen zum Ausdruck zu verhelfen. Dabei kann es auch eine Aufgabe von Seelsorge sein, Seelsorgern zu helfen, die Spaltung *da* Eros, *dort* Religion oder Spiritualität zu überwinden.

Bekannt ist das Wort Nietzsches, das Christentum habe dem Eros Gift zu trinken gegeben. Wer Eros und Religion trennt und Feindschaft zwischen ihnen sät, schafft einen Zwiespalt zwischen Menschenliebe und Gottesliebe. Wo Eros und Religion sich ausschließen, wird der Eros gemein und die Religion kalt. Eros sinkt herab zum Vagabund, und Religion verhärtet. Denn Eros ist es, der den Seelengrund lockert und das Gemüt weich und formbar macht. Von ihm gehen die enthusiastischen Kräfte aus, ohne die religiöses Leben ermattet. Wo dagegen Eros und Religion sich verbinden, wird Eros geadelt, vergeistigt, verklärt und schenkt dank der Religion Vitalität.[13]

Wird Eros in unserem Leben und Tun zugelassen, bringt er Farbe, Freude, Geschmack in unser Leben. Er bewässert unser Leben und trägt zu einer Vertiefung und Erdung bei. Er ist wie ein Lebenssaft. Ohne diese Erfahrung wären wir wie halbiert, wie abgeschnitten vom Leben. Wir würden nur noch aus unserem Kopf oder aus unserer Vernunft bestehen. Auf uns würden Goethes Worte zutreffen: »Armer Mensch, an dem der Kopf alles ist.« Ohne Eros gleichen wir einem gestutzten Baum, für den das Leben saft- und kraftlos ist. Unsere Seele ist dann wie eingefroren, und alles erscheint uns grau in grau.[14]

Die belebende und sinnliche Erfahrung, die in unser Leben tritt, wenn wir Eros in unser Leben hereinlassen, gilt es zu bejahen. Sie ist ein Geschenk. Sie ist Gnade. Die Begegnung mit dem Eros kommt der Begegnung mit einer Quelle gleich, die uns Lebendigkeit, intuitives Erleben, tiefe Leidenschaft und inniges Ergriffensein schenkt und ermöglicht. Sind wir offen für Eros, kann er alles in uns und um uns herum mit seinem »Touch« beseelen: unsere Politik, den Umgang miteinander am Arbeitsplatz, die zufällige Begegnung auf der Straße, das Miteinander in der Schule und in der Gemeinde.

Für den Seelsorger ist Eros unentbehrlich. »Wer zu keiner Ergriffenheit der Seele fähig ist, mag als Verwaltungsbeamter Karriere machen«[15], er wird aber die Menschen nicht begeistern können. Wie kann ich Schüler und Schülerinnen begeistern, wenn ich selbst nicht von dem, was ich vermitteln will, begeistert bin? Oder wie kann ich Menschen ein Gespür für den Unbegreiflichen schlechthin, Gott, vermitteln, wenn ich selbst nicht ein Ergriffener, von Gott Ergriffener bin? Wie kann ich sie für den lebendigen, lebenspendenden Christus begeistern, wenn ich selbst kraft- und saftlos bin? Eine gute Predigt ist wie ein Kuss, sagte der Seelsorger Michael Sailer, im vorletzten Jahrhundert Bischof von Regensburg. Man denke an manche Psalmen, die nur so strotzen von Eros und seiner überbordenden Fülle. So auch die Schlussverse von Psalm 96,11–13:

> Der Himmel freue sich,
> die Erde frohlocke,
> es brause das Meer und alles,
> was es erfüllt.
> Es jauchze die Flur und was auf ihr wächst.
> Jubeln sollen alle Bäume des Waldes
> vor dem Herrn, wenn er kommt.

Hier ist nichts zu spüren von der Mäßigung, die uns offen oder versteckt im religiösen Kontext immer wieder angeraten und befohlen wird. »Nur keine Überschwänglichkeit, nur keine dionysische Naturseligkeit, nur kein Außersichsein in der Hingabe ... Je mehr das Leben bei gedämpftem Trommelklang verläuft, umso mehr nähert es sich der christlichen Idealauffassung.«[16] So jedenfalls scheint die Botschaft zu lauten, die uns ein Leben lang vermittelt wurde. »Die Mäßigen sind auch immer die Mittelmäßigen«, kommentiert Friedrich Nietzsche diese Verpflichtung zur Hochhaltung des Mittelmäßigen. Die Zusage von Leben in

Fülle wird hier zur Farce. Dabei ist uns doch zugesagt: »Aus seiner Fülle haben wir alle genommen, Gnade über Gnade.«[17] Das ist doch nicht nur ein hohles Wort, das sind doch nicht nur Worte. Wenn wir aus seiner Fülle nehmen, dann schließt das Eros mit ein, für den das überfließende Element, der sich verschenkende Reichtum, Kennzeichen ist.

Die Seelsorgerin, die sich als zugehörig erfährt und innige,
tiefe Beziehungen unterhält
Schließlich kann Seelsorge für Seelsorger bedeuten, Seelsorger zu ermutigen und ihnen dabei zu helfen, in ihren privaten Beziehungen Liebhaber-Energie zuzulassen und zu erfahren.

Um Freude, Getragensein und um Lust am Leben als Seelsorger erfahren zu können, ist es daher wichtig, immer wieder auch die Erfahrung zu machen, eingebunden zu sein in tiefe, bedeutungsvolle Beziehungen, ja die Erfahrung zu machen, geliebt zu werden und zu lieben. »Der einzige Hüter des Lebens ist Liebe, aber um geliebt zu werden, muss man lieben«, so Filcino, ein Philosoph des Mittelalters. Und der Philosoph Paul Feyerabend kam wenige Tage vor seinem Tod zu der Erkenntnis: »Heute scheint es mir, dass Liebe und Freundschaft die wichtigste Rolle im Leben spielen und dass ohne sie selbst die höchsten Errungenschaften blass, leer und gefährlich seien.«

Für den Seelsorger ist es wichtig, nicht nur Beziehungen in seiner Pfarrei zu unterhalten, sondern auch in innigen Beziehungen zu Männern und Frauen zu stehen, die ihn herausfordern. Beziehungen, in denen er so sein darf, wie er ist, in denen er auch die Möglichkeit hat, in seiner Beziehungs- und Intimitätsfähigkeit zu wachsen und sich verwundbar zu machen.

Um auf eine spirituelle und psychisch gesunde Weise so leben zu können, dass das Leben als Seelsorger Freude und Lust macht, ist es für den heterosexuellen wie für den homosexuellen Priester und Seelsorger wichtig, eine mit ihrem Amt und ihrem

Auftrag in Einklang zu bringende legitime Form von Intimität zu erfahren. Viele Priester, die treu im Gebet sind und die einen guten Ruf als hervorragende Seelsorger haben, sprechen, wenn sie offen darüber sprechen können, über ihre Vereinsamung und ihr Verlangen nach Intimität. Was ihnen fehlt, ist die Erfahrung von Intimität.

Das bezieht sich dabei nicht nur auf den zölibatären Priester, wenngleich dessen Situation bedingt durch den zölibatären Lebensstil in diesem Bereich schwieriger zu gestalten und zu bewältigen ist. Es bezieht sich aber auch auf verheiratete Seelsorger und Seelsorgerinnen, vor allem dann, wenn ihnen die Energie des Liebhabers, der Liebhaberin fehlt. Dann zählt nur noch die Sache, ja die heilige Sache. Da taucht tiefenpsychologisch gesehen der Krieger ohne Liebhaber-Energie auf. Den finden wir in dem Chefarzt, dessen ganze Liebe seiner Arbeit gilt (»Welche verheiratete Frau ist schon zu Lebzeiten Witwe? Die Frau eines Chefarztes!«). Den Krieger ohne Liebhaber-Energie finden wir aber auch unter zölibatär lebenden Priestern, die vor lauter Arbeit keine Freundschaften pflegen, oder bei verheirateten Seelsorgern und Seelsorgerinnen, deren Partner sich oft emotional sträflich vernachlässigt und zurückgewiesen erleben, wenn sie spüren, dass »die wahre Liebe« des Partners und der Partnerin, nicht ihnen gilt.

Wem die Nahrung, die aus guten zwischenmenschlichen, tiefen Beziehungen hervorgeht, vorenthalten wird, der wird hungrig bleiben. Ihm wird zugleich eine tiefe Erfahrungsquelle von Zufriedenheit, von Freude und Lust am Leben verschlossen bleiben. Er wird versuchen, wenn er seinen Hunger nach Sinnlichkeit, nach Intimität, nach der Erfahrung von echter tiefer Beziehungen und Freundschaften nicht stillen kann, seinen Hunger anderswo zu stillen. Er wird versuchen, die Nahrung, nach der er verlangt, durch Erfolg, Arbeit und vieles andere mehr zu erreichen.

Die den Seelsorgern immer wieder zugesprochene *Verbundenheit mit dem Bischof*, die oft in den Mund genommene *communio* der Pfarrer miteinander, werden zur Farce, zu einer theologischen Floskel, wenn diese Verbundenheit sich nicht konkret im Dasein füreinander und der Sorge füreinander, im Zeithaben füreinander, in der echten offenen Aussprache miteinander zeigt.

Hier versagen viele Bischöfe und Verantwortliche. Aber auch die Priester selbst versagen sich leider viel zu oft diese Innigkeit und Verbundenheit untereinander, für die die Erfahrung von echter Intimität Voraussetzung ist.

Eine Hierarchie von Beziehungen

Henri J. M. Nouwen empfiehlt dem Seelsorger und Seelsorgerin die Entwicklung und Gestaltung einer Hierarchie von Beziehungen. Er schreibt:

»Im innersten Bereich meines Lebens finde ich den oder die, der/die mir am nächsten ist. Um diesen Kreis der Intimität schließt sich der Kreis meiner Familie und meiner engen Freunde. Dann, in etwas weiterem Umkreis, ordne ich Verwandte und Bekannte ein, und noch weiter draußen meine Kollegen in Geschäft und Arbeit. Schließlich weiß ich um das weite Feld von Menschen, die ich zum Teil nicht einmal dem Namen nach kenne, die aber irgendwie auch zu dieser Welt gehören, die ich *meine* Welt nenne. So bin ich also von konzentrischen Kreisen umgeben, auf deren Schwelle ich Wachtposten aufstelle, die sorgfältig prüfen, wen ich auf welche Nähe an mich heranlasse. Ich sage dem Busfahrer nicht das Gleiche wie meinen langjährigen Arbeitskameraden. Ich sage meinen Freunden nicht alles, was ich meinen Eltern sagen kann. Und dann gibt es einen Ort, den niemand betreten kann, wo ich vollständig für mich selbst bin, wo ich meine eigene innerste Privatsphäre pflege. Das ist der Ort, an dem ich Gott treffen kann.«

Erfahrung von Intimität

Was ist Intimität? Vielleicht hilft zu einem besseren Verständnis das Wort *Innigkeit*. Darum nämlich geht es bei der Erfahrung von Intimität: In eine innige Beziehung zu sich *selbst*, zu *anderen* und zu *Gott* treten zu können. Also sich, den anderen, Gott nicht nur an der Oberfläche, sondern innig, tief, direkt begegnen zu können. In der Erfahrung von Intimität kommt unser Verlangen nach einer tiefen, bedeutungsvollen, innigen Beziehung zu einem anderen Lebewesen zum Ausdruck. Das kann auf unterschiedliche Weise geschehen. So kann die Erfahrung der Verbundenheit mit einem anderen Menschen körperlicher, gefühlsmäßiger, intellektueller, spiritueller, sexueller, sozialer Natur sein.

Arten der Intimität

- Von *körperlicher*, nicht sexueller Intimität spricht man, wenn sich Personen, die sich viel bedeuten, körperlich nahe sind, Körperkontakt haben, sich umarmen, sich berühren.
- Von *seelischer* und *emotionaler* Intimität spricht man, wenn Personen sich über für sie wesentliche, persönliche Dinge miteinander austauschen oder ihre Hoffnungen, Träume, Befürchtungen, Sorgen miteinander teilen.
- Von *intellektueller* Intimität spricht man, wenn Personen sich über wichtige Ideen, Gedanken und Überzeugungen austauschen.
- *Soziale* Intimität meint, dass Personen etwas miteinander unternehmen, zum Beispiel ein gutes Essen genießen oder einen Urlaub miteinander verbringen.
- Unter *spiritueller* Intimität versteht man den innigen Austausch von religiösen Gedanken, spirituellen Gefühlen,

Überzeugungen und Erfahrungen mit anderen Personen oder mit Gott. Dazu zählen auch spirituelle Praktiken, wie beten, Gottesdienste feiern, miteinander tiefe spirituelle Erfahrungen machen.

- *Sexuelle* Intimität meint den Austausch und das Mitteilen von Gefühlen, Gedanken, Fantasien und Wünschen sexueller Natur mit einem nahestehenden Menschen. Das schließt körperliche Nähe, körperlichen Kontakt und Verhaltensweisen ein, die zum Ziel haben, sexuell erregt, stimuliert und befriedigt zu werden, unabhängig davon, ob das zum sexuellen Verkehr oder der Erfahrung von Orgasmus für einen oder für beide Partner führt.
- Von *zölibatärer* Intimität spricht man, wenn zwei Menschen eine tiefe Freundschaft miteinander teilen, ohne verheiratet zu sein und ohne dadurch körperlich oder psychisch das Versprechen der Ehelosigkeit zu verletzen.

Was fördert die Erfahrung von Intimität?

- Sich Zeit nehmen, Hektik vermeiden
- Ausdauer, Treue, Verbindlichkeit
- Räume zur Verfügung zu haben, in denen Intimität erfahren werden kann

Was behindert oder verhindert die Erfahrung von Intimität bei Zölibatären?

- Die Einstellung, man dürfe keine Partikularfreundschaften haben
- Zu viel Arbeit
- Perfektionismus
- Angst vor Verwundbarkeit
- Spiritual Bypassing, bei dem man an innigen Beziehungen mit den Mitmenschen vorbei sich direkt in die Beziehung zu Gott flüchtet

Regeln, um Intimität zu vermeiden

- Sei immer freundlich
- Wenn ein Konflikt droht, ziehe dich zurück
- Halte dich immer beschäftigt
- Verliere nie die Kontrolle
- Plane deine Ziele und halte dich strikt daran
- Sei immer standhaft
- Geht etwas schief, finde jemanden, den du dafür verantwortlich machen kannst
- Sage anderen nie, was du willst und erwartest
- Versuche, die anderen zu ändern
- Bestehe darauf, dass die Dinge so getan werden, wie es deine Eltern getan haben
- Geh davon aus, dass du die anderen besser kennst, als sie sich selbst kennen

Mögliche negative Konsequenzen, wenn Intimität nicht erfahren wird

- Emotionale Unreife
- Abhängige Beziehungen
- Unterwürfige Beziehungen
- Autoritäres Gehabe, vor allem in Arbeitsbeziehungen
- Suchtverhalten: Essen, Tabletten, Alkohol, Sex, Internet, Cybersex
- Getriebensein in der Arbeit
- Perfektionismus
- Ungesunde übertriebene Frömmigkeitsformen
- Rigoroses Festhalten an Regeln
- Unfähig, Gott und andere aus ganzem Herzen zu lieben

DIE MAGIER-ENERGIE
DES SEELSORGERS UND DER SEELSORGERIN

Die Magier-Energie

Kraft aus dem heiligen Bereich

Der mit der Magier-Energie Ausgestattete ist, so Robert Moore, der »heilige Mann«, die »heilige Frau«. Sie wissen, was andere nicht wissen, sie haben eine Ahnung von der Verbindung zwischen Himmel und Erde, der göttlichen Welt und der irdischen Welt. Zu ihnen kommen die Menschen mit ihren Fragen, Problemen, Schmerzen an Leib und Seele. Sie können Dinge, die für andere nicht durchsichtig sind, durchschauen, sind Seher und Propheten, insofern sie tiefer sehen können. Als solche verfügen sie über eine große Macht. Sie erkennen die Arroganz, durchschauen das narzisstische Gehabe des Schattenkönigs, da sie über einen inneren Fühler verfügen. Sie erkennen was Sache ist, was echt und was »bullshit« ist.

Der mit Magier-Energie Ausgestattete schöpft seine Kraft aus dem heiligen Bereich in sich selbst, seinem Heiligtum, seiner Bundeslade, seinem heiligen Grund. Dabei ist er dem Heiligtum besonders nahe, kann es im Unterschied zu den Normalsterblichen berühren. Man denke etwa an den Soldaten, von dem im Alten Testament berichtet wird, dass er die Bundeslade berührte und sofort tot umfiel. Der Magier weiß, wie er Gottes Macht auf Erden »halten« und kanalisieren kann.

Wenn wir über diese Energie des Magiers verfügen, verstehen wir unser Leben in einem Ausmaß und in einer Tiefe, die nicht zu übertreffen ist. Der Tiefenpsychologe C. G. Jung verstand sich als ein solcher Magier. So sagt er von sich: »Ich glaube nicht an Gott, ich kenne ihn.«

Der mit Magier-Energie Ausgestattete ist in der Lage, sich zurückzulehnen und zu beobachten. Er kann sich von dem alltäglichen Leben, von Ereignissen, Gefühlen deidentifizieren, um dann zum richtigen Zeitpunkt die nötige Energie zum Fließen zu bringen. Seine Energie benutzt er zum Segen für andere. Er ist nicht der Mann der Tat, sondern des Denkens. Er verfügt über die Fähigkeit der Introvertiertheit, also, sich von inneren und äußeren Strömen zurückhalten zu können und die Verbindung zur tieferen, inneren Wahrheit und den tiefen inneren Ressourcen herzustellen. Er ist in sich zentriert. Lässt sich nicht hin- und herschieben.

Die Schattenseite des Magiers

Die Schattenseite des Magiers zeigt sich in der Weigerung, den anderen Wissen zu vermitteln, das ihnen zum Segen gereichen würde. Auch hält er Wissen zurück, um andere klein zu halten und sie kontrollieren zu können. (Robert Moore)

Magier-Energie und Seelsorger

Der Seelsorger, der mit seiner Tiefe in Berührung ist
Im Magier treffen wir auf die Energie, die am stärksten mit dem Geistlichen, dem Priester, dem Seelsorger, der Seelsorgerin in Zusammenhang gebracht werden kann. Der Seelsorger, der mit der Magier-Energie ausgestattet ist, ist mit seiner Tiefe in Berührung. Er tritt immer wieder ein in seine innere Welt, von der C. G. Jung sagt, dass, wer in sie eintritt, dort verwandelt wird. Von der Anschauung des Ganzen überwältigt und seiner selbst vergessend, kann er sich nur noch wundern. Hier lebt »der Andere«, der Gott als ein heimliches, persönliches und zugleich überpersönliches Geheimnis kennt. Hier trennt den Menschen nichts von Gott.

Menschen spüren, ob ein Seelsorger sich mit seiner Tiefe auseinandergesetzt hat, er in Kontakt steht mit der Welt des Unsichtbaren und Ewigen. Diese Wirklichkeit in seinem eigenen

Leben eine große Rolle spielt und in sein eigenes Leben hinein-wirkt. Sie leben nicht aus dem, was ankommt, was sie toll daste-hen lässt. Was nicht ausschließt, dass sie Anerkennung erfahren und das, was sie tun, die Menschen anspricht. Doch die Quelle, aus der sie sich nähren, aus der sie leben und von der her sie wir-ken, die ihnen Kraft gibt, ist Gott. Sie reden nicht wie manche Philosophen oder Psychotherapeuten über den Tod, die Liebe, die Ängste und den Sinn des Lebens, sondern wie Männer und Frauen, die aus der Nähe Gottes sprechen. »Was vor zweitau-send Jahren begann, es glüht noch immer.«[18]

Bei dem Seelsorger und der Seelsorgerin garantiert nicht al-lein die Zugehörigkeit zu einer Religion oder einer Kirche, dass es sich dabei um spirituelle Menschen handelt, die verankert sind in etwas Größerem, in Gott. So gibt es Seelsorger und Seel-sorgerinnen, bei denen man nicht viel von Gottes Anwesenheit spürt, die nicht den Eindruck erwecken, von Gott berührt, be-seelt zu sein. Sie sind beauftragt, vollziehen vorgeschriebene Ri-ten, nehmen große Worte in den Mund. Doch das Entscheiden-de fehlt ihnen: die Seele. Sie fehlt wie das Salz beim Essen, und entsprechend fad, lieblos und herzlos wirken sie. Sie sind nicht verankert in ihrer Tiefe, in ihrem heiligen Grund. Dabei ist es allerdings wichtig, dass dieser heilige Grund in mir, ein anderer würde sagen Christus in mir, seine Energie von außerhalb von mir, einer höheren Kraft, Gott, erhält. Es also ein Zentrum außerhalb von mir gibt und nicht ich selbst dieses Zentrum bin.

Der Seelsorger, der sich selbst für den heiligen Grund hält

Der heilige Grund in uns muss, so Robert Moore, außerhalb von uns seine Energie beziehen. Unsere grandiosen Tendenzen müssen außerhalb unserer irdischen Welt ihre Projektion vorfin-den. Die numinose, geheimnisvolle, göttliche Energie muss uns von der »anderen Welt« her zugeführt werden. Sie muss von außerhalb von uns kommen. Glauben wir, sie selbst zu besitzen, kann die göttliche Energie sich als ein Pulverfass erweisen, das explodiert, weil wir eben keine Götter und Göttinnen sind und es eigentlich wissen müssten: dass wir keine anderen Götter haben sollen neben dem einen Gott. Da wir keine Götter sind, werden wir, wollen wir den Göttern gleich sein, ihnen gleichtun, zu gefährlichen Drachen, die um sich schlagen, zu Vampiren, die andere aussaugen, weil uns die himmlische Nahrung, die uns wirklich nähren würde, abgeht.

Der Seelsorger muss dabei oft als Projektionswand für die grandiosen Projektionen der »Gläubigen« dienen. Sie sind die heiligen Männer und Frauen. Sie stehen für das »sichtbare« Numinose. Statt sich selbst mit dem Geheimnisvollen zu verbinden und sich dort zu verankern, dahin ihre grandiosen Tendenzen und Fantasien abzugeben, machen sie den Priester zum Gott, füllen sie ihn mit ihrer Grandiosität an, indem sie ihn bewundern und anhimmeln. Was in der »anderen Welt« ankommen sollte – »Herr, das ist wirklich Deines, Gott, nimm es. Es gehört zu dir.« –, bleibt beim Seelsorger, der Seelsorgerin hängen.

Und wehe, der Seelsorger gibt es im gleichen Augenblick nicht weiter, dahin, wohin es gehört, in die »andere Welt«, an Gott ab, dann ist er in Schwierigkeiten. Dann läuft er Gefahr, sich aufzublähen, bis er schließlich selbst glaubt, außergewöhnlich, ja ein Außerirdischer zu sein. Mit dem Ergebnis, dass er, um nicht zu vergessen, dass er sehr wohl noch irdisch ist, als extreme Gegenbewegung ein Verhalten an den Tag legt, das ihm beweist, ein Mensch aus Fleisch und Blut zu sein. Er, so Robert Moore, trinkt zu viel oder masturbiert auf eine exzessive Weise, um zu vermeiden, endgültig seiner Grandiosität zu verfallen.

Ich habe daher einen großen Vorbehalt gegenüber gewissen geistlichen Führern und Gurus, die, weil als noch näher dem Göttlichen, Heiligen und Geheimnisvollen zugeordnet werden, als Ersatz für die nicht stattgefundene Verankerung in dem Geheimnisvollen, Gott, herhalten müssen und wenn sie nicht höllisch aufpassen, letztlich diese Kontaktaufnahme verhindern, indem sie sich selbst als Verankerungspunkt für die mythische Kraft, als Aufbewahrungsort der göttlichen Energie anbieten.

Statt Kanalisator für die göttliche Energie zu sein – zum Beispiel durch das Ritual –, staut sich die göttliche Energie bei ihnen auf oder an. Die von den Göttern kommende Energie, die uns nähren soll, muss immer wieder zurückfließen zu ihrem Ursprung, um so den göttlichen Kreislauf aufrechtzuerhalten, der für die Erfahrung der Verbundenheit mit dem Geheimnisvollen sorgt. Bleibt sie beim Priester »hängen«, bläht sie ihn auf. Dem Gläubigen entgeht dadurch die eigene Ich-Aufblähung. Zugleich wird aber auch der göttliche Kreislauf unterbrochen und damit auch die Verbindung mit den Göttern.

Seel-Sorge für Seelsorger und Seelsorgerinnen

Der Seelsorger, der mit dem heiligen Grund in sich in Berührung ist, ihn pflegt und von ihm her lebt

Für den Seelsorger und die Seelsorgerin ist es wichtig, ein Gespür dafür zu entwickeln, dass es in mir eine Tiefe, einen geheimnisvollen, heiligen Grund gibt, in die beziehungsweise den ich verankert bin. Von diesem Grund geht eine heilende Kraft aus. Manchmal spüren wir diesen Grund. Wenn wir ihn spüren, fühlen wir uns sicher, gehalten, verbunden mit dem Ewigen. Diesen Grund in uns müssen wir pflegen, hüten, beackern. Wollen wir ihn für unser Leben nutzbar machen, müssen wir ihm unsere Aufmerksamkeit schenken. Wir würdigen ihn, wenn wir Mythen, Märchen, Sagen lesen. Wir schärfen unsere Wahrnehmung für ihn, wenn wir in eine Kirche gehen, die uns in eine andere Welt versetzt, uns mit Symbolen, mit einem Hauch von Numinosem, mit Ruhe umgibt. Wir düngen diesen heiligen Raum mit unseren Gebeten, die uns mit einer anderen Welt verknüpfen. Eine Seelsorge für Seelsorger wird auf diesem Hintergrund bemüht sein, dem Seelsorger zu helfen, die Vorauset-

en zu schaffen, um mit seinem heiligen Grund in Berüh-
 zu kommen, ihn zu pflegen und von ihm her zu leben.

Es geht dabei zunächst einmal darum, die Aufmerksamkeit und das Interesse seiner Innenseite, seiner inneren Person, zuzuwenden, dem was C. G. Jung die Person Nr. 2 nennt im Unterschied zu der Person Nr. 1, die zum Beispiel als Ehemann, Vater, Freund, Mitarbeiter ... in der Welt lebt. Über die Person Nr. 2 höre ich nach innen, komme ich in Kontakt mit meiner Tiefe. Dort vernehme ich meine Sehnsucht, mit dem Grenzenlosen, dem Unendlichen, dem Ewigen in Kontakt zu kommen.

Mit dieser inneren Person komme ich in Kontakt durch Meditieren, sie kann erwachen in der Begegnung mit der Natur, bei einem Spaziergang durch den Wald, beim Betrachten eines Wasserfalls, beim Lauschen auf das Rauschen des Meeres, im Staunen über die Erhabenheit einer Berglandschaft. Oder der Seelsorger kann in seinen heiligen Raum einkehren, wenn er einer bestimmten Musik lauscht. Auch in meinen Träumen kann ich in diesen inneren Bereich eintreten.

Der Kontakt mit diesem inneren Raum, die Pflege dieses Raumes, ja das Leben in diesem inneren Raum ist nicht weniger wichtig als die Pflege und die Gestaltung des äußeren Lebensraumes und des Lebens darin. In den Träumen zum Beispiel trete ich ein in diesen inneren Bereich, der mich verwandelt, bin ich in ihm, halte mich in ihm auf, lebe in ihm. Der Aufenthalt dort verändert mich, verwandelt mich. Ich bin ein anderer als vorher. Das aber stellt eine ungeheure Bereicherung meines Lebens dar, die durch nichts ersetzt werden kann. Sie schenkt mir die Erfahrung, mitten im Jetzt an das Grenzenlose, die Ewigkeit angeschlossen zu sein. Es kann geschehen, was der C. G. Jung[19] mit den Worten ausdrückt:

»Wenn man versteht und fühlt, dass man schon in diesem Leben an das Grenzenlose angeschlossen ist, ändern sich Wünsche und Einstellungen. Letzten Endes gilt man wegen des Wesentlichen, und wenn man das nicht hat, ist das Leben vertan.«

Menschen spüren, wenn jemand sich mit seiner Tiefe auseinandergesetzt hat, dem Unbewussten nachspürt, sich davon beseelen und berühren lässt. Menschen spüren, wenn jemand in Kontakt steht mit der Welt des Unsichtbaren und Ewigen. So kann diese Wirklichkeit in seinem eigenen Leben eine große Rolle spielen und in sein eigenes Leben hineinwirken. Der Kontakt mit Gott, die Pflege unserer Beziehung zu ihm wird von der äußeren Person, der Person Nr. 1 unter anderem durch die Zugehörigkeit zu einer Religionsgemeinschaft oder einer Kirche, die Teilnahme an Gottesdiensten oder das private Beten wahrgenommen. Doch es ist die innere Person, die dafür sorgt, ja es erst ermöglicht, dass das äußere Geschehen zu einem inneren Geschehen wird, bei der die Verbindung mit dem Göttlichen, mit Gott erahnbar und erfahrbar wird. Auf diesem Hintergrund wird die Aussage von C. G. Jung[20] verständlich:

»Zu wenige haben es erfahren, dass die göttliche Gestalt innerstes Eigentum der eigenen Seele ist. Denn Christus ist ihnen nur außen begegnet, aber nie aus der eigenen Seele entgegengetreten ... solange die Religion nur Glaube und äußere Form und die religiöse Funktion nicht eine Erfahrung der eigenen Seele ist, so ist nichts Gründliches geschehen. Es muss nur verstanden werden, dass das ›mysterium magnum‹ nicht nur an sich vorhanden ist, sondern auch vornehmlich in der menschlichen Seele begründet ist.«

Innehalten und eintreten in den heiligen Raum
So ist jeder Seelsorger zunächst sein eigener Seel-Sorger, indem er den Bereich in sich, der letztlich auch für seine Seele steht, wür-

digt. Diesen Bereich in mir zu würdigen kann zunächst einmal heißen, innezuhalten und gleichsam einzutreten in diesen heiligen Raum. Es ist, als wenn ich in eine Kirche eintrete und dabei spüre, dass ich in eine andere Welt eintrete, in der etwas anderes gilt als das, was außerhalb dieser inneren Welt Bedeutung hat. Ich tauche ein in eine Atmosphäre, die etwas Numinoses und Heiliges ausstrahlt. Es umgibt mich eine Welt voll von Symbolen, Farben, Gerüchen, Stimmungen, die mir in meinem sonstigen Leben nicht oder kaum begegnen. So ergeht es mir, wenn ich in meine innere Welt, die Welt meiner Seele eintauche.

Im Bemühen um meine Seele und dem Geheimnisvollen in mir komme ich der Sorge um mich selbst nach. In der Sorge um unsere Seele üben Seelsorger und Seelsorgerinnen eine priesterliche Funktion aus, indem sie sich darum kümmern, dass das Heilige, das Geheimnisvolle in ihnen beachtet wird. Der Priester und die Priesterin, der Seelsorger und die Seelsorgerin sind ja immer auch Kultdiener und Kultdienerin. Sie vollziehen Zeremonien und Rituale, die der Kultivierung der Seele dienen. Der äußere Vollzug der Rituale und Zeremonien will den inneren Bereich des Heiligen und Geheimnisvollen in uns und natürlich auch in ihnen selbst ansprechen. So gilt es, für sie Formen, Rituale, Gepflogenheiten zu entwickeln, die dazu beitragen, ihre Seele zu kultivieren. Darin drückt sich ihre Sorge um ihre Seele aus.

Der Seelsorger, der aus der erfahrenen Nähe Gottes heraus lebt

Für Seelsorger ist es weiter wichtig, immer wieder aus der erfahrenen Nähe Gottes heraus zu leben. Er ist ein Freund Gottes. Der Seelsorger weiß nicht nur, dass er in sich einen heiligen Platz hat, sondern er ist mit diesem heiligen Platz ständig in Verbindung. Jedenfalls, immer wieder. Dieser Ort ist sein Allerheiligstes. Da tritt er in die innigste Beziehung zu Gott. Dort ist er nur er selbst. Das ist sein Kloster, seine Klausur, zu der niemand Zutritt hat, außer ihm selbst und der oder die, die er hereinlässt. In dieses innerste Zentrum zieht er sich immer wieder zurück, um sich auf die Regungen des heiligen Geistes zu konzentrieren. Dort vernimmt er sie. Außerhalb dieses heiligen Raumes überhöht er sie, sind sie zu sehr überlagert von anderen Einflüsterungen und Stimmen.

Der Seelsorger als Mystiker, die Seelsorgerin
als Frau des Gebetes
Der Seelsorger ist einer, der versucht, ein Mystiker zu sein. Das lässt sich auch mit Kenosis vergleichen, einem Weg zur mystischen Lehre.

> »Kenosis hat mit folgender Idee zu tun: Wenn du gibst, wenn du loslässt, wenn du dich leer machst, dann kommst du, während du das tust, in eine Position, in der du mehr empfängst. Es ist zyklisch, wie unser Atmen – du atmest aus, du gibst weg, dann atmest du ein und nimmst auf. Geben – empfangen; empfangen – geben. Bei der ganzen Sache geht es darum, dass du dich zurückhältst und den Fluss möglichst wenig blockierst. Mit der Kenosis verschwindet jede Spur des Ego direkt in das, was du tust. Du kämpfst nicht mehr damit, weil du eine offene Tür geworden bist. Ein Kanal, ein Ohr.«[21]

Meditieren, beseeltes Beten stellen Formen dar, mit dem heiligen Grund in sich in Berührung zu bleiben, in einen lebendigen Kontakt mit Gott zu treten. So ist der Seelsorger ein Mann, die Seelsorgerin eine Frau des Gebetes. Für die hl. Teresa von Ávila ist das Gebet eine Weise des Gespräches zwischen Gott und den Menschen, wie zwischen Freunden. In dem Moment, wo ich einen Geschmack an Gott gefunden habe, muss ich nicht dazu ermahnt werden.

Solange Seelsorger mit diesem heiligen Raum verbunden sind, spüren sie in sich eine große Gelassenheit. Sind sie doch in Berührung mit etwas, was unzerstörbar ist, mit etwas, das mehr und größer ist als alles, was außerhalb von ihnen geschieht. Solange sie mit diesem heiligen Raum in sich in Berührung sind, sind sie ganz, heilig, gesund. Von diesem Boden geht eine heilige, heilende, das Heil bringende Kraft aus.

Anmerkungen

1 Karl Rahner, Die Gnade wird es vollenden, München 1957, S. 7.

2 Ebd., S. 8.

3 Ebd.

4 Robert Moore/Douglas Gillette, King, Warrier, Magician, Lover, New York 1991.

5 Robert Moore, König, Krieger, Magier, Liebhaber. Die Stärken des Mannes, München 2006, S. 61.

6 Moore/Gilette, a.a.O., S. 60.

7 Ebd., S. 67.

8 Robert Lax, Mit Robert die Träume fangen, Freiburg im Breisgau 2006, S. 116f.

9 Vgl. Los Angeles Times vom 16. August 2009.

10 Kathleen Hall, Alter your Life, Oak Haven 2009, in: Los Angeles Times, 15. August 2009, S. 6.

11 Moore/Gilette, a.a.O., S. 122.

12 Moore, a.a.O., S. 140.

13 Vgl. Josef Goldbrunner, in: Wunibald Müller, Küssen ist beten. Die Sexualität als Quelle der Spiritualität, Mainz 2003.

14 Vgl. Adolf Köberle, in: Müller 2003.

15 Adolf Köberle, in: Müller 2003.

16 Adolf Köberle, in: Müller 2003.

17 Joh 1,16.

18 Bernd Ulrich, in: DIE ZEIT.

19 Jung, Carl Gustav, Erinnerungen, Träume, Gedanken von C. G. Jung, aufgezeichnet und herausgegeben von Aniela Jaffé, Olten 1997, S. 328.

20 Jung, Carl Gustav, Bewusstes und Unbewusstes, Frankfurt am Main 1971, S. 25.

21 Lax, a.a.O.

Literatur

Robert Moore, Facing the Dragon. Comfronting Personal and Spiritual Grandiosity, Wilmette 2003.

Wunibald Müller, Was uns wirklich nährt. Für eine geerdete Spiritualität, Mainz 1998.

Wunibald Müller, Die Ehre Gottes ist der lebendige Mensch. Menschwerdung als Selbstverwirklichung, Mainz 1996.

Wunibald Müller, Küssen ist beten. Die Sexualität als Quelle der Spiritualität, Mainz 2003.

Lebensgeister

EIN ERFAHRUNGSBERICHT VON R. S.

Sie kam schleichend und unauffällig in mein Leben – die depressive Erschöpfung.

Ich merkte zuerst nur, dass ich begann, mich mehr und mehr zurückzuziehen. Ich vernachlässigte Kontakte, Beziehungen und Termine und wurde zunehmend stiller, ernster und unbegründet trauriger. Es wird wieder besser werden, dachte und sagte ich mir. Solche Durchhänger kann es schon mal geben.

Schließlich begann auch der Körper deutliche Signale zu senden. Sie äußerten sich durch Schlaflosigkeit, Freud-, und Lustlosigkeit. Abends fiel ich – und das wochenlang – ungewohnt früh ins Bett, um mich nur noch auszuruhen. Und das auch, obwohl ich tagsüber nicht so viel getan hatte. Dies wiederholte sich immer wieder. Hinzu kam noch, dass ich manchmal tagelang mit grippeähnlichen Zuständen im Bett bleiben musste. Dabei hatte ich kein Fieber, ich war nur noch erschöpft. Schließlich wurden die Abstände zwischen diesen »Krankheitsschüben« immer kürzer. Am Ende lag ich innerhalb von zwei Monaten viermal jeweils für viele Tage krank, schwach, kraft- und freudlos im Bett.

So begab ich mich dann ins Krankenhaus, um mich einmal von Kopf bis Fuß untersuchen zu lassen und auf eine mögliche Ursache meiner Zustände zu stoßen. Die Diagnose »Depressive Erschöpfung« fühlte sich für mich an, als würde mir jemand den letzten Meter Boden unter den Füssen wegziehen. Ich begann mich mit dieser »Erkrankung« auseinanderzusetzen.

Irgendwann tat sich die Möglichkeit auf, an einem Kurs im Recollectio-Haus in Münsterschwarzach teilzunehmen, von dem ich schon einiges gehört hatte. Nach dem Vorstellungsgespräch und der Zusage, dass ich am Kurs teilnehmen könne, begann ich noch einige Dinge im beruflichen und privaten Bereich zu organisieren.

Am 10. Januar 2010 begann für mich beim 62. Kurs im Recollectio-Haus eine äußerst abenteuerliche Reise zu mir selbst. In der Begegnung mit den anderen Kursteilnehmerinnen und Kursteilnehmern, in der geistlichen und psychotherapeutischen Begleitung und vor allem durch meditierendes Malen, malendes Meditieren kam ich mir und manchen seelischen Verletzungen und allzu oft »geschluckten« Aggressionen ein gutes Stück näher. Da ich gerne und gut male, lud mich mein geistlicher Begleiter in Anlehnung an das Augustinuszitat »Singe, bis die Freude kommt« ein: »Male, bis die Freude kommt.« Nicht erst, wenn die Freude kommt, sondern bis die Freude kommt.

So begann ich zu malen; ich als Ikonenmaler und auch sonst künstlerisch veranlagter Priester schaffte zu meinem Entsetzen anfangs nur Bilder in der Qualität eines Volksschülers. Kreise, Zacken, wirre Linien, ein ziemlich chaotisches Hin und Her. Meine Seele war zunächst nicht zu mehr fähig. Ich malte und malte. Immer wieder. Selbst wenn ich nicht immer Lust dazu verspürte. Ich sprach über meine Werke mit den Begleitern und malte und malte. Da gab es auf den Bildern der ersten Zeit die verschlungenen Wege, das Labyrinth, den Irrgarten, die etwas von meiner verirrten Seele zum Ausdruck brachten. »Ich sehe den Weg nicht!«, »Ich weiß nicht, wo ich stehe, wie und wo es weitergeht!«

Dann gab es in der zweiten Phase den Berg, die Höhle, den Abgrund. Ich wagte mich in meinen Lebensberg hinein, in so viel Angehäuftes, Aufgestautes, in die Höhle und in die Abgründe. Mit Hilfe des Teams wurde es viel leichter auch auf Dunkles, Schweres, Abgründiges zu schauen. Auch gab es auf manchen Bildern in unzähligen Varianten den Stein, der für all das Schwere und Belastende meines Lebens stand.

Zutage traten auf den Bildern auch und immer wieder einmal Symbole aus den Archetypen von C. G. Jung wie den König, den Krieger, den Liebhaber, den Magier. Hierbei kam ich oft auf mich, den Priester, der eben auch andere, dunkle Seiten hat. Ich malte und malte. Die Bilder wurden zunehmend intensiver, bunter, kräftiger, klarer, ausdrucksstärker. Ja, die Farbe, das Klarer-sehen-Können, die Kreativität und somit die Freude kamen mit jedem Pinselstrich ein Stück mehr zurück. Zuletzt flossen die oben genannten Themen und Symbole oft in ein einziges Bild ineinander. Ab einem bestimmten Tag wurde so manches leichter und erträglicher. Ich hatte mit meinen Medien, den so guten und in die Tiefe gehenden Begleitgesprächen und der für mich so wichtigen Malerei ein Stück weit mich selbst (wieder-) gefunden.

Mit diesem Tag begann für mich die Wende aus dem Dunklen zum Licht, von monatelanger Traurigkeit und Kraftlosigkeit zur wiederaufkeimenden Freude. Zaghaft kam das Leben wieder zu mir zurück. Bezeichnend war auch, dass der 62. Recollectio-Kurs im klirrend kalten Winter, in dem für mich so viel äußerlich und innerlich erstarrt war, begann und mit den ersten wärmenden und belebenden Frühlingssonnenstrahlen endete. So durfte ich es an Leib und Seele erleben: viel Dunkles und in der Seele Erstarrtes wich zunehmend dem Leben, dem Licht.

Fühlte ich mich vorher in meiner Seele unzählige Tage wie in einem dunklen Gefängnis, dessen Ausgang ich nicht sah beziehungsweise nicht einmal die seelisch-körperliche Kraft hatte, diesen zu suchen, so erschloss sich in den Wochen des Kurses im Recollectio-Haus ein neuer Weg zu mehr Leben, zu mehr Lebendigkeit und Freude.

Mittlerweile sind vier Monate vergangen. Der Alltag bringt so manches mit sich, doch die Freude ist noch immer da. Keine überschäumende; nein, eine ruhige und verhaltene. Die Lebensgeister sind wieder spürbar zurückgekehrt, ich kann gut schlafen, nehme vieles nicht mehr so wichtig, kann Bestimmtes mit neuen Augen sehen. Froh und dankbar bin ich für diese Zeit im Recollectio-Haus – sie hat mich aus der größten Krise und Dunkelheit meines Lebens herausgeführt. Ich danke allen, die für mich in dieser Zeit Wegbegleiterinnen und Wegbegleiter geworden sind.

RUTHARD OTT

Stolpersteine und Trittsteine: Wegmarkierungen für die Seelsorge und geistliches Leben

Seit zwanzig Jahren kommen Seelsorgerinnen und Seelsorger ins Recollectio-Haus. Bilder steigen auf, und verschiedene Gedanken gehen durch den Kopf: Was führt sie zu uns? Welche Fragen und Themen beschäftigen sie, und welche Hoffnungen bringen sie mit? Wie gehen sie weg, und wie finden sie ihren Weg? Vieles ist gesagt oder schriftlich bearbeitet. Und manches kann man nur schreiben, wenn man bereit ist, sich mit dem Widerspruch und den Einwänden auseinanderzusetzen, die das Gedruckte hervorruft. »Ich brauche meine Energie vor allem für die direkte Arbeit mit den Menschen« – so habe ich bisher immer ein wenig abwehrend geantwortet, wenn jemand nach meinen spärlichen Veröffentlichungen Ausschau gehalten hat. Jetzt zum zwanzigjährigen Bestehen der Einrichtung möchte ich ausnahmsweise meine Zurückhaltung in Wort und Schrift vorübergehend aufgeben. Und das aus gutem Grund. Hilft doch der äußere Anlass auch mir selbst, Bilanz zu ziehen und auf die Konfliktthemen unserer Gäste sowie die Schwerpunkte der inhaltlichen Arbeit der vergangenen Jahre zu schauen. Beides soll unter der Überschrift: Stolpersteine und Trittsteine: Wegmarkierungen für die Seelsorge und geistliches Leben in den Blick kommen.

Draußen regnet es in Strömen. Wieder ein verregneter Sommertag. »Der Himmel weint unaufhörlich«, könnte man denken. Über dreißig Jahre in der psychotherapeutischen Arbeit mit Paaren und Einzelnen, und der anhaltende Regen mitten im ersehnten Sommer. Das Bild lässt mich nicht los. »Der dich liebt, wird dich auch zum Weinen bringen«, heißt es in einem Sprichwort aus Russland. Fünfzehn Jahre habe ich in der Ehe-, Familien- und Lebensberatung gearbeitet, bevor ich ins Recollectio-Haus gekommen bin. Die berufliche Erkenntnis aus dieser Zeit hat jeden Zweifel beseitigt: Mit der Erwartung, den Himmel auf Erden in einer glücklichen Beziehung zu finden und zu bewahren, überfordern sich die meisten Ehepaare. Dennoch bleibt die existenzielle Sehnsucht danach – wider aller Erfahrung und Erkenntnis.

Dann der berufliche Wechsel in die Priesterausbildung und ins Recollectio-Haus. Er hat mich mit Menschen in Kontakt gebracht, die sich ganz der Suche nach Gott hingeben. Gott allein genügt. Vacare deo – frei sein wollen und frei sein sollen für Gott. Ora et labora – Beten und Arbeiten. Menschen, angetrieben von der Sehnsucht nach ganzer Hingabe und Nachfolge – nicht an das Geschöpf, sondern an den Schöpfer und Erlöser. Und wieder zeigt sich die ganz realistische andere Seite. Die Boten Gottes sind erschöpft, das seelsorgerliche Bodenpersonal braucht selbst Zuwendung an Leib und Seele. Vieles passt nicht (mehr), steht in Spannung und Widerspruch zueinander: Der Anspruch und die Wirklichkeit bezogen auf die gewählte Lebensform, die strukturellen Rahmenbedingungen und die innere, psychische Struktur der Berufenen, der Auftrag, die Aufgaben und die To-Do-Liste in den Seelsorgeeinheiten und Ordenseinrichtungen und die realen Handlungsmöglichkeiten der Einzelnen, der Bedarf der Organisation und die Bedürfnisse ihrer Mitglieder, die Rollenfunktionen und Positionen in der Pastoral beziehungsweise in den geistlichen Gemeinschaften und die Lebens- und Berufungsgeschichte ihrer Mitglieder. Trittsteine werden zu Stolpersteinen!

Zentrale menschliche Themen und Konflikte bewegen unsere Gäste und ihre Vorgesetzten. Durch ihr Kommen in unsere Einrichtung beschäftigen sie auch uns, die geistlichen und psychotherapeutischen Begleiterinnen und Begleiter. Oft sind es ähnliche, häufig die gleichen menschlichen Themen wie bei anderen Berufsgruppen auch. Dennoch, die persönliche und moralische Anspruchslatte liegt bei Priestern und Ordensangehörigen höher, denn es heißt: »Bei euch soll es nicht so sein.« (Mt 20,26)

Lassen Sie sich mitnehmen zu einer Feldbegehung. In Form einer Erzählung, die humorvoll und nachdenklich sein soll, sollen die Ausgangssituation und der Verlauf eines Recollectio-Kurses geschildert werden.

ES WAR EINMAL – ES IST HEUTE

Es war einmal zu einer Zeit, als das Sollen und Müssen und die Pflicht und die Aufgaben das Leben bestimmten. Überall in Stadt und Land wurden tüchtige Leute gebraucht, die sich vorbildlich und selbstlos zur Verfügung stellten. Gefragt waren Kopf und Hand, das Herz und das Spüren ward von vielen vergessen.

Und so wundert es nicht, wenn es manchem schwer wurde ums Herz. Wieder andere verhielten sich so, dass man ihnen gegenüber immer weniger Geduld aufbrachte. Sie wurden fortgeschickt in ein fernes Land. Dort sollten sie sich besinnen und sammeln, um sich danach wieder einzureihen in die älter und kleiner werdende Schar. Freiwillig und unfreiwillig machten sich die auserwählten Frauen und Männer, achtzehn an der Zahl, auf die Suche nach dem Ort der Verwandlung. Sie wussten nichts voneinander und waren einander vorher noch nie begegnet. Nur ihre Fragen, ihre große Sehnsucht und grenzenlose Hoffnung und die gemeinsame Suche nach Antworten verband sie mit einem starken, unsichtbaren Band. Sie fanden einander und fanden zueinander auf einer Insel, wie es nicht viele gibt. Manche von ihnen ahnten nichts Gutes und fragten sich an-

fangs, wo sie da wohl gelandet seien. Andere sprachen zunächst wenig, fühlten sie sich doch auf die Insel verschlagen. Wieder andere hatten sich gerade noch an Land gerettet, verwundet und angeschlagen von den inneren und äußeren Stürmen, die ihr Leben bedrängten. Sie mussten erfahren: Wenn der Wind über lange Zeit kalt und rau ins Gesicht bläst, ist es schwer, voranzukommen. Ständiger Gegenwind wirft einen leicht zurück.

Aber auch das grelle Licht der Sonne und der Glanz des Amtes hatten Einzelne so sehr geblendet, dass sie weder sich selbst klar erkennen und sehen konnten, geschweige denn die anderen. Blendendes Licht und verblendender Glanz stellen vieles in den Schatten. Hat man erst die Spur verloren, kann und will man nicht mehr spuren. Kommt man von der Bahn ab, wird man schnell aus der Laufbahn geworfen.

Allen war irgendwie die Erkenntnis gemein: Im Schein des Lichtes kann man leicht den festen Boden unter den Füßen verlieren. Wo raue See und heftige Stürme hohe Wellen schlagen, kann man leicht Schiffbruch erleiden. Will man nicht untergehen, muss man Luft holen, abtauchen, untertauchen und wieder neu und gestärkt auftauchen. Kommt man ins Straucheln, verliert man sein Gleichgewicht, geht man von Bord und springt ins kalte Wasser – dann braucht man Halt. Sich an alten Zöpfen festzuklammern hilft da wenig. So blieb den achtzehn Frauen und Männer nur die Hoffnung, dass sie auf der Insel wieder Land unter den Füßen finden, einen festen Grund, der sie hält und trägt, ein Weg, der geht und den sie gehen können. Wie sollten sie sonst wieder auf die Beine kommen, aufstehen, sich erheben, sich aufrichten, fest stehen, zu sich selbst stehen, vor anderen zu sich selbst stehen, einen anderen Standpunkt einnehmen, einen neuen Blickwinkel, sich stellen, sich besser anstellen und zu ihrer wahren Größe finden, um schließlich kraftvoll im Leben stehen zu können und gehen zu können?

Die Bewohner der Insel waren Männer – schwarze Männer, vor denen man sich jedoch keineswegs zu fürchten brauchte. Ganz im

Gegenteil. Sie behandelten die achtzehn Gäste – wie sie die Frauen und Männer nannten – freundlich und grüßten schon von Weitem. Erst allmählich ging den Gästen auf, dass wohl deshalb am Eingang der Insel Schilder standen mit der ungewohnten Aufschrift »Schwarz-... ach da muss ich hin«. Manchem fiel ein Stein von Herzen. Hatten sie doch zunächst gedacht, die Schilder wären eigens wegen ihrer Fehler und Makel aufgestellt worden: »Schwarz« als Beschreibung ihrer Seele, »ach« als Ausdruck des Seufzens und der Qual. – »Da muss ich hin«, ins Purgatorium, in die Besserungsanstalt – »da bin ich nun«, an dem Ort der Verdammung.

Während der Zeit auf der Insel erlebten die meisten der achtzehn Frauen und Männer ein Wechselbad der Gefühle. Manche betraten mit Ehrfurcht und Andacht den Ort ihrer Heilung und Heiligung. Andere versetzte das, was sie dort hörten und sahen, in großes Erstaunen, Einzelne auch in grenzenlose Verzückung. Wieder andere konnten nur unter äußerster Beherrschung ihrer Zunge eine gute Miene zum ungehörten und unerhörten Spiel machen. Klein war der Schritt vom Erleben zum Erbeben. Nicht wenige schickten SMS, E-Mails und andere Notsignale nach Hause: »Hilfe, holt mich hier raus!«

Der Grund für die Verzweiflung lag nicht zuletzt in der Existenz der Gastarbeiterinnen und Gastarbeiter, die bei den schwarzen Männern ihr Brot verdienten. Sie stellten nämlich peinliche Fragen, wollten alles ganz genau wissen, verwendeten Fremdwörter, neue und weniger bekannte Begriffe, komische Formulierungen und machten seltsame Gesten und Handbewegungen – wie dies eben bei Gastarbeitern häufig der Fall ist.

Oder aber sie machten Vorschriften, verwiesen auf Spielregeln und forderten auf, sich zusammenzusetzen, um sich auseinanderzusetzen. Die Gastarbeiter gaben ihr Bestes, und sie hofften, dass all die Runden und gut gemeinten Übungen dazu beitragen, dass die Gäste über die Runden kommen. Es wäre ihnen nämlich unangenehm, würden die Gäste sitzen oder auf halbem Wege stehen bleiben. Sie wollten auch nicht, dass sie unerfahren wegfahren und beim nächs-

ten Camp gleich wieder auftauchen. In einer absehbaren Zeit sollten sie die Insel wieder verlassen, um anderen Schicksalsgenossen Platz zu machen, die auch noch nicht genau wissen, was auf sie zukommt. Die meisten rüsteten sich mit Spezialitäten und Andenken von der Insel aus: mit Rezepten für den Alltag, mit einem Autogramm von den Schwarzen Männern und Gastarbeitern, mit selbst verfassten und vorgeschriebenen Trost- und Hoffnungsworten, mit selbst gefertigten farbigen Bildern, mit einer Recollectio-Box und mit einem Recollectio-Pass. Nur die Recollectio-Club-Card fehlt noch. Es ist üblich, diese bei einem Nachtreffen zu erwerben ...

Für manche Seelsorgerinnen und Seelsorger oder Ordensangehörige ist es anfangs verständlicherweise nicht einfach, für sich persönlich Hilfe in Anspruch zu nehmen und den Platz zu tauschen. Es braucht einen festen Boden, um die ersten Schritte des Vertrauens und Anvertrauens gehen zu können. Kontakt herstellen, dem Gast Sicherheit geben, ihn mit seiner Geschichte vorurteilsfrei und nicht bewertend annehmen und um die für ihn ungewohnte, oft auch beschämende Situation wissen, das sind die entgegenkommenden Schritte unsererseits: »Haben Sie Erfahrung mit psychologischer oder geistlicher Begleitung? Was hat Ihnen gegebenenfalls gutgetan? Möglicherweise ist Ihnen bei Ihrer seelsorgerlichen Tätigkeit eher mein Stuhl vertraut. Was führt Sie ins Recollectio-Haus? Was sollte beziehungsweise muss geschehen, damit Sie am Ende des Aufenthalts sagen können: die Zeit hier hat sich gelohnt? Und was kann ich dazu beitragen?« – das sind zu klärende Fragen im Erstgespräch, nach einer kurzen Vorstellung meiner Person.

Wer in eine ungewohnte, ja fremde Situation kommt, sucht Sicherheit und Orientierung. Einfühlung, Transparenz, offen und authentisch sein, mich selbst als Person einbringen, taktvoll direkt, gewürzt mit einer Portion fränkischem Humor, das versuche ich den Menschen, die sich mir anvertrauen, entgegenzubringen, gleichsam wie Trittsteine, auf denen man sich begegnen kann. Und ganz nebenbei erhalten die Gäste auch eine kleine Einführung in die fränkische Dialektsprache.

Wir selbst, das Team der geistlichen und psychotherapeutischen Begleiter und Begleiterinnen, leben und arbeiten nicht auf einer Insel der Seligen. Die Arbeit im Recollectio-Haus ist erfüllend und herausfordernd zugleich. Die Anliegen und Themen der Kursteilnehmerinnen und -teilnehmer beschäftigen häufig auch mich selbst. Der Einblick in unerlöste, ja krankmachende innere und äußere Strukturen und Wirklichkeiten stellt viele Bilder und Sichtweisen in Frage, die ich als gläubiger Christ gerne unberührt lassen und festhalten möchte. Im Nachhinein betrachtet, hilft mir dabei bis heute das während meines Doppelstudiums der Theologie und Psychologie begonnene Training. Von Anfang an zeigte sich die Wirklichkeit aspektiv und dialektisch und musste die Spannung der verschiedenen Sichtweisen vom Menschsein wahrgenommen, miteinander in Beziehung gesetzt und/oder, da unvereinbar, ausgehalten werden.

Worin bestehen nun die Stolpersteine, die in der Begleitungsarbeit der Priester und Seelsorger beziehungsweise Seelsorgerinnen in den vergangenen Jahren sichtbar geworden sind? Lassen sich vielleicht manche in Trittsteine und Wegmarkierungen für befreites und kraftvolles Weitergehen verwandeln?

»GEH DEINEN WEG VOR MIR UND SEI GANZ!« (GEN 17,1)

»Gloria dei homo vivens« – »die Ehre Gottes ist der lebendige Mensch«, sagt Irenäus von Lyon. Werde ganz! Werde ganz Mensch, ganz Frau, ganz Mann, ein menschlicher Geistlicher und ein geistlicher Mensch, werde ein liebender und lebendiger Mensch! Auch wenn die Diagnostik als sehr grob und ungenau erscheinen mag, viele Gäste des Recollectio-Hauses kommen aus einer beruflichen und/oder persönlichen Alltagssituation, die im Lauf der Zeit schwierig und beschwerlich geworden ist. Das im Leben Großgeschriebene wird zum Problem, und das Kleingeschriebene rückt unaufhaltsam in den Vordergrund. Meistens geht es um allzu Menschliches, das sich in verschiedenen Symptomen und Konflikten zeigt, verbunden mit persönlichem Leidensdruck beziehungsweise Leidensdruck im Umfeld. Wenn wir auf den Verlauf und das Ergebnis des Veränderungsprozesses am Ende eines Kurses schauen, können wir fast immer feststellen, dass die Gäste sich selbst, ihr eigenes Verhalten und die Reaktion der anderen besser verstehen lernen. Sie beginnen, sich selbst bewusster wahrzunehmen und sich mit dem eigenen Menschsein zu versöhnen. Häufig wandelt sich das verinnerlichte, von Leistung, Anstrengung und Versagen geprägte Menschenbild. Mit Grund für das hohe Leistungsideal dürfte das Verständnis der oben genannten Bibelstelle (Gen 17,1) selbst sein. Vielfach wird dort übersetzt: »Geh deinen Weg vor Gott und werde rechtschaffen [beziehungsweise: vollkommen].«

Gäste, die die »Vollkommenheits-Übersetzung« internalisiert haben, bemühen sich verzweifelt und vergeblich, dem aufgetragenen Ziel näher zu kommen. »Der Mensch ist weder Tier noch Engel«, besagt ein Wort von Blaise Pascal, »und das Unglück will, dass, wer einen Engel aus ihm machen will, ein Tier [eine Bestie] aus ihm macht.« Hat ihnen niemand im Lauf ihrer Bußerziehung beigebracht, dass man auch sündigen kann, wenn man des Guten zu viel tut, kämpfen sie dauerhaft einen Kampf gegen ihre Natur und gegen die Schöpfungsordnung, den sie nicht gewinnen können: »Naturam expellas furca, tamen usque recurret« (Horatius): »Du kannst die Natur mit der Heugabel austreiben, sie wird dennoch zurückkehren.«

Manch ein Konflikt in der priesterlichen Rolle oder im geschwisterlichen Umgang innerhalb einer Ordensgemeinschaft basiert auf der anhaltenden Missachtung und Vernachlässigung des bedürftigen »inneren Kindes«, oder anders ausgedrückt, der gesunden Selbstliebe und Selbstfürsorge. In Kontakt mit dem inneren Kind kommen heißt, sich den eigenen Grundbedürfnissen zuzuwenden und die der anderen wahrzunehmen lernen.

»Hier siehst Du den Menschen, der für Dich Verantwortung trägt«, lautet ein Spruch über einen mannshohen Spiegel in meinem Beratungsraum. Ein Blick führt zum Einblick. Nicht der Bischof, der Obere, der Regens, die Gemeinde, auch nicht der Therapeut, sondern bestenfalls der »innere Regens« darf dieses Amt ausüben. Gemäß der Schöpfungs- und Erlösungsordnung ist uns selbst die Beachtung und Berücksichtigung unserer Grundbedürfnisse aufgegeben, denn wir sollen ja »ins Mannesalter Christi hineinwachsen«.

»Die Gnade setzt natürliche Bedingungen voraus und vollendet sie«, lautet der bekannte Schlüsselsatz von Thomas von Aquin. Viele unserer Klienten kennen ihre Grundbedürfnisse zu wenig. Sie beachten nicht, dass diese biologische, seelische, soziale und spirituelle in gleicher Weise umfassen. Sie bedienen sich Lösungen erster Ordnung. Sie steuern nach, indem sie sich noch mehr vornehmen, noch mehr vorenthalten und noch heftiger bemühen. Häufig führen jedoch erst Lösungen zweiter Ordnung weiter: »Agere contra!« – Statt mehr Askesetraining und Mortifikation (Abtötung menschlicher Begierden) bedarf es vielfach die Entwicklung eines gesunden Genusstrainings, einer Zeit der gesunden Selbstfürsorge. Denn nicht wenige unserer Gäste sind

MÜDE, ERSCHÖPFT, AUSGEBRANNT

Müde, erschöpft, ausgebrannt, ausgepowert, schlapp und kaputt, »reif für die Insel«. Viele Menschen erleben sich so in unserer Zeit. Auch wir selbst kennen den tiefen Seufzer der Erschöpfung, den flehenden Gedanken, dass jetzt nichts mehr kommen darf, weil nichts mehr geht. Häufig genügen jedoch bereits ein freier Abend, ein Wochenende ohne berufliche oder private Verpflichtungen und der lang herbeigesehnte Urlaub, um neue Kräfte aufzutanken. Nach einer kurzen Erholungspause machen wir uns wieder gestärkt an die Arbeit.

Was passiert aber, wenn keine Pausen zur Verfügung stehen und die alltäglichen Erholungszeiten nicht ausreichen, wenn wir keinen Abstand finden oder uns keinen erlauben können? Die Akkus werden leer, wir laufen Gefahr, auszubrennen. Wir befinden uns auf dem Weg in ein Burn-out – wie es die Fachsprache nennt.

Lehrer, Sozialarbeiter, Ärzte und Krankenschwestern, Pfarrer, Mütter und Erzieher, pflegende Angehörige, aber auch erfolgreiche Unternehmer und leitende Angestellte, ja Angehörige aller Berufsgruppen können ausbrennen. Bevorzugt sind jedoch Berufsgruppen betroffen, deren Haupttätigkeit die Arbeit an, für und mit Menschen ist. Gerade auch die geistlichen Berufe machen hier keine Ausnahme, obwohl sie durch ihr geistliches Leben eigentlich gut gerüstet sein sollten.

LEBENSGESCHICHTLICHE PRÄGUNGEN ERKENNEN

»Was der Mensch heute ist, ist er gestern geworden«, besagt ein allgemein bekanntes Wort aus der Entwicklungspsychologie. Bei der Aufarbeitung der lebensgeschichtlichen Aspekte der von Burn-out betroffenen Priester und Ordensleute zeigt sich in der psychotherapeutischen Arbeit häufig derselbe Befund. Sie waren bereits in der frühen Kindheit lang anhaltenden, manchmal dauerhaften Überforderungen ausgesetzt. Die zum Teil unbewusste Langzeitwirkung des »familiären Schicksals« ist augenfällig. Von der Geschwisterposition her scheinen die Ältesten, die Einzelkinder, aber auch die Kleinsten und Jüngsten besonders gefährdet zu sein: die Ältesten, wenn von klein an vornehmlich

Vernunft, Besonnenheit und Verantwortung von ihnen erwartet werden, die Einzelkinder, wenn sie die Gesamtheit aller Zielsetzungen und Erwartungen der Eltern und der Familie verwirklichen sollen, die sich sonst auf mehrere Geschwister verteilen, und die Jüngsten, wenn sie sich bei der Überwindung des kränkenden Anteils der Rolle des Nesthäkchens, nämlich des Minderwertigkeitsgefühls, permanent überfordern.

Menschen, die sehr beziehungsweise zu früh lernen, Verantwortung von Erwachsenen und für Erwachsene zu übernehmen, scheinen ihr Leben lang betroffen. Ihre Wahrnehmung ist auftragsorientiert, sie hören mit dem »Appellohr«. Der Not gehorchend haben sie gelernt, die eigenen Bedürftigkeit zurückzustellen und ihre Kindheit gleichsam zu überspringen. »Das Noviziat beziehungsweise der religiöse Formationsprozess beginnt in der Regel mit der Geburt« – könnte man sagen. Viele lebensgeschichtliche Verletzungen, traumatische Erfahrungen und Kränkungen vernarben zwar mit der Zeit und werden vergessen. Die früh abverlangten Leistungserfolge können allerdings zusammen mit einem hungrigen Anerkennungsbedürfnis eine kraftvolle Allianz bilden. Der Mensch bleibt bis ins Alter hinein ein »ruheloser, umtriebiger Jäger und Sammler«, ist ständig auf der Suche und auf der Flucht. Unter Missachtung der eigenen Leistungsgrenzen hält er Ausschau nach »optimalen Erträgen und reicher Beute« – beispielsweise nach Sicherheit, Anerkennung und Akzeptanz bei Gott und den Menschen. Die lebensgeschichtliche Prägung wird zum Stolperstein.

Andererseits kann gerade im Dienst am Menschen, das heißt beim beruflichen Umgang mit der Bedürftigkeit anderer, die eigene ungestillte Sehnsucht wieder wach werden. Mit ein wesentlicher Grund dafür, dass im seelsorgerlichen Bereich tätige Menschen so oft ausbrennen, ist die Tatsache, dass die unbewussten eigenen Versorgungswünsche auf Dauer eben nicht altruistisch abgetreten werden können, sondern in der Begegnung mit der Bedürftigkeit anderer wieder aufbrechen. Beim Zuschauen, wie andere essen, wird man eben nicht satt, wenn man selbst innerlich hungrig ist.

Durch die frühe Rollenfixierung (»du bist ein ganz Großer, Braver, Lieber, Guter ...«) können psychologisch betrachtet bis ins späte Erwachsenenalter hinein einseitige Bewertungen und Gewichtungen, vor allem aber Ängste entstehen: Zum Beispiel die Angst vor Autoritäten. Ein anspruchsvoller Chef wird schnell zum »inneren Antreiber« beziehungsweise wird der »verinnerlichte Antreiber« auf den Vorgesetzten projiziert. Eine andere Angst ist die vor Spannungen, vor Streit und Konflikten, vor jeglicher Konfrontation überhaupt. Aggressivität wird eher versteckt und indirekt im Beklagen, Nörgeln und Lästern über andere beziehungsweise im Entwerten der eigenen Person geäußert. Burn-out-Gefährdeten mangelt es häufig an »taktvoller Direktheit«. Sie können sich nicht angemessen wehren. Verbreitet ist die Haltung, sich selbst durch besondere Anstrengung und Leistung die Erfahrung des Geliebtwerdens und die Daseinsberechtigung erst verdienen zu müssen. Ein mangelndes Selbstwertgefühl verstärkt die verinnerlichte »Liebe-Leistungsschiene«. Vorherrschend sind schließlich eine allgemeine depressive Stimmungslage und die Anfälligkeit für psychosomatische Reaktionen. Die Ungeübtheit, Gefühle wahrzunehmen, und die mangelnde Fähigkeit, sie auszusprechen – die sogenannte Alexithymie –, führen bei einem entsprechenden somatischen Entgegenkommen (Disposition) zur Chronifizierung.

Wir sind zwar von Natur aus in der Lage, uns mitzuteilen und uns selbst wahrzunehmen. Ob Hunger, Schmerz, Müdigkeit, Erschrecken, Freude, Interesse, Lust, Aufmerksamkeit und vieles andere mehr – ein Kind zeigt seine Bedürftigkeit unmittelbar und spontan und meist sehr direkt, indem es schreit, weint, lächelt, Kontakt aufnimmt, unruhig oder ruhig wird und sich motorisch bewegt. Und hier greift wieder das familiäre

Schicksal ein. Es macht eben einen Unterschied, wie die familiäre Umwelt mit den Spontanreaktionen umgeht, ob sie gehört,
erhört und verstanden oder unterbunden, unterdrückt und
missachtet werden.

Im günstigen Fall führt die Signalsendung zu einer angemessenen Reaktion der Eltern, die Bedürftigkeit wird gestillt.
Im ungünstigen Fall bleiben Notsignale dauerhaft ungehört beziehungsweise sie werden uminterpretiert. Burn-out-Patienten
gehen mit ihren Körpersignalen beziehungsweise mit ihren Gefühlen nicht selten ähnlich um. Körperliche und emotionale Er-
schöpfungs- und Ermüdungssignale werden missachtet. Trittsteine werden zum Stolperstein. Der Kontakt zum inneren Erfahrungsraum bricht ab. Beunruhigende, ja besorgniserregende
Impulse werden gemäß dem Motto: »Wie es da drinnen aus-
sieht, geht niemandem etwas an!« kontrolliert und zurückgehalten. Ungeübt in der Beziehungssprache, fehlt es an angemessenen Verbalisierungsmöglichkeiten. Der Körper aber ist ehrlich.
Beruflich beziehungsweise familiär gestresste Menschen erkennt
man nicht selten daran, dass sie einen verkürzten Brustmuskel
haben. Sie wirken belastet, beladen und gebeugt. Ansteckende,
freudige Lebendigkeit geht selten von ihnen aus. Wieder andere
wirken nervös, unruhig und zerfahren, es ist anstrengend in ihrer Nähe.

DIE KONTAKTSTÖRUNG ZUM INNEREN ERFAHRUNGS-
RAUM ÜBERWINDEN

Wie aber kommen wir in Kontakt mit unserem inneren Erfahrungsraum? Zugang zu uns selbst und zum inneren Erleben
setzt voraus, zu lernen, die eigenen Körperempfindungen wahrzunehmen. Die achtsame Wahrnehmung unserer Stimmungen
oder Gestimmtheiten, unserer Affekte, Gefühle und Grundbe-
findlichkeit – also die Wahrnehmung des gesamten emotiona-

len Bereiches, die Beachtung der Träume, die sich als Tag- oder als Nachtträume einstellen können, der inneren Bilder und Imaginationen, die Bewusstmachung unserer persönlichen Gedanken –, all das ermöglicht den Zugang zum inneren Erfahrungsraum.

Graphische Darstellung von Innen und Außen

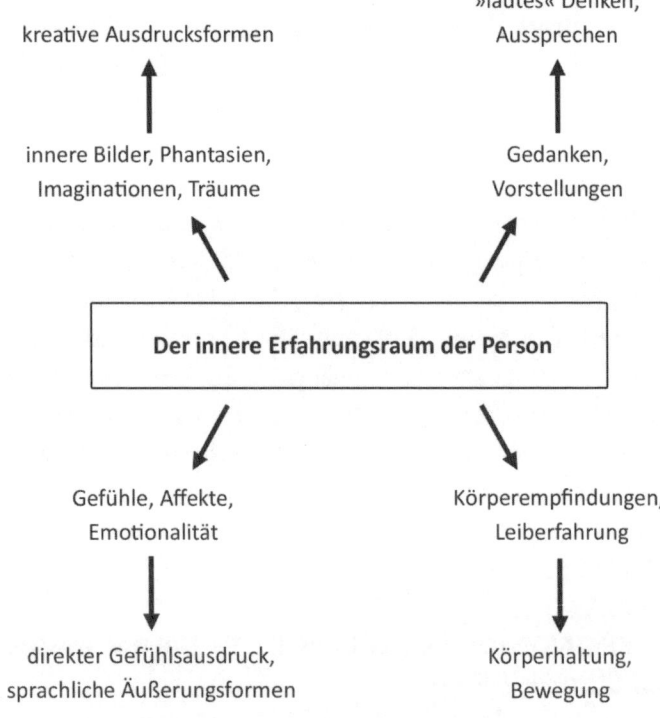

Viele – vor allem auch belesene und studierte Menschen – können jedoch eher darüber sprechen, was bestimmte Autoren und Fachleute, was gewisse Autoritäten oder einfach die Nachbarn denken, als was sie selbst denken. Sie sind zu wenig mit dem in Berührung, was ihnen durch den Kopf geht beziehungsweise was sie gedanklich bewegt, ganz zu schweigen vom emotionalen und körperlich-somatischen Bereich. Sprachlich mangelt es Burn-out-Betroffenen an der Fähigkeit, auf den verschiedenen Ebenen der Selbsterfahrung von sich und über sich zu sprechen, oder anders ausgedrückt: Sie senden zu wenig Ich-Botschaften, in denen sie sich als Subjekt mitteilen und zeigen.

LEBENSBOTSCHAFTEN UND ARBEITSHALTUNG »UPDATEN«

Die individuelle Lerngeschichte, das familiäre Schicksal und das Triebschicksal fördern die Ausfaltung bestimmter Lebensbotschaften sowie die entsprechende Lebens- und Arbeitshaltung. Die meist verinnerlichten, überwiegend unbewussten Lebensbotschaften waren und sind für einen gewissen Lebensabschnitt lebensnotwendig und sinnvoll, ja sie sichern in der Regel das Durchkommen und Überleben. Der die eigene Natur überfordernde, einseitige Anteil muss jedoch erkannt und weiterentwickelt werden. In der modernen Computersprache heißt dies: »Das bisherige (Lebens-)Programm braucht eine Aktualisierung. Ein Update ist notwendig.« Das ist der tiefere Sinn mancher Krankheit und einer Erschöpfungsreaktion: Stolpersteine in Trittsteine verwandeln.

Lebensbotschaften, die wir häufig bei Priestern und Ordensangehörigen feststellen und die gefühlsmäßig aufgeschlossen und fortgeschrieben werden müssen, sind zum Beispiel: »Du darfst nur leben, wenn du dich anpasst und fügst. Du darfst nur leben, wenn du Leistung bringst und Erfolg hast. Du darfst nur leben, wenn du deine Gefühle unterdrückst, deine Wut, deine Angst, deinen Hass, dein Misstrauen, deine Schuldgefühle.«[2]

Darüber hinaus können folgende Lebensprinzipien, Lebensthemen und Schlüsselworte ermüden und in die Krankheit führen wie:

- Du wirst nur geliebt, wenn du dich anpasst und fügst!
- Du bist nur akzeptiert, wenn du Leistung bringst und dich anstrengst!
- Du bist ein guter Mensch, wenn du deine Gefühle beherrschst!
- Leiste was, dann bist du was!
- Sei erfolgreich und tüchtig!
- Arbeit ist das ganze Leben!
- Sei nur für andere da!
- Liebe deinen Nächsten über alles, nur nicht dich selbst!
- Schaffe es um jeden Preis!
- Halte dich zurück und passe dich an!
- Gelobt sei, was hart macht!
- Beiß die Zähne zusammen!
- Hilf dir selbst, dann hilft dir Gott!
- Sich regen bringt Segen!
- Erst die Arbeit, dann das Spiel!
- Ohne Fleiß kein Preis!
- Ein Junge darf nicht weinen, ein Indianer kennt keinen Schmerz!
- Am Abend wird der Faule fleißig!
- Vögel, die am Morgen singen, holt am Abend die Katze!
- Wo ein Wille ist, ist auch ein Weg![3]

Lebensbotschaften haben die Funktion von Wegmarkierungen! Botschaften und Einstellungen, die auf Dauer mut- und kraftlos machen, müssen erkannt, erspürt, hinterfragt, verabschiedet oder ergänzt werden.

Es geht darum, das unbewusste Lebensprogramm zu entschlüsseln und zu erweitern. Häufig heißt dies nichts anderes, als in einer guten »väterlichen und mütterlichen« Weise für sich selbst zu sorgen und in einer gesunden Weise mit sich umzugehen lernen. Die Auseinandersetzung mit dem eigenen Lebensmotto, mit der persönlichen Lebensphilosophie, mit den inneren Erlaubern und Antreibern macht das persönliche Erfahrungswissen für den weiteren Lebensweg fruchtbar und setzt neue Kräfte frei. Hierfür bedarf es allerdings auch der Beschäftigung mit spirituellen Fragen.

VERENGTE GOTTESBILDER ÖFFNEN

Nicht selten nimmt das Leistungs- und Besitzstreben einen dominanten Platz ein. Es tritt an die Stelle Gottes. Alle verfügbaren Energien, die gesamte Zeit und alle Gedanken sind auf die inneren und äußeren Leistungsansprüche bezogen beziehungsweise dem Geltungs- und dem Besitzstreben untergeordnet.

Wenn der Platz Gottes leer bleibt, und alles nur vom Menschen selbst abhängt, dann muss er auch den Lebenskampf ganz in die eigenen Hände nehmen. Gerade auch gläubige Menschen stehen häufig unter Druck. Eine primär auf Leistung ausgerichtete Gottesbeziehung wirkt Kräfte verzehrend, vor allem, wenn man im tief sitzenden Glauben meint, vor Gott nicht genug getan zu haben. Die Bilder von einem strafenden Richtergott, einem kleinlichen Buchhaltergott oder einem fordernden Leistungsgott weisen oft die strengen Züge biographischer Autoritätspersonen auf. Ihre negativen emotionalen Spuren und kognitiven Botschaften sind ins persönliche Gottesbild eingegangen und haben ein starkes und forderndes Über-Ich aufgerichtet. Das einseitige Gottesbild fungiert als innerer Antreiber, es treibt den Menschen direkt in die Erschöpfung.

Derart geprägte, verinnerlichte spirituelle Haltungen und die entsprechenden, unbewussten Gottesbilder, die immer wieder unsere Gäste in die Erkrankung führen, werden nicht zuletzt in fundamentalen spirituellen Gruppierungen und ihren Praktiken lebendig gehalten. Im Prinzip können gerade auch die fest zementierten Trittsteine zu Stolpersteinen werden.

Ich frage fast regelmäßig nach dem Primiz- oder Professspruch, dem Berufungsvers oder dem Lieblingsbibelvers. Manche sind verwundert und erstaunt, haben sie ihn doch vergessen. Für viele beginnt eine Auseinandersetzung mit dem ehemals gewählten Sendungsspruch, da er das Fundament, den ursprünglichen Beweggrund zur Nachfolge anklingen lässt. Gleichzeitig kommen das persönliche Gottesbild und die Gottesbeziehung in den Blick sowie die persönliche Intention. Auf dem Hintergrund der Erfahrungen auf dem Weg der Nachfolge ist die Kernaussage heute auf ihre Tragfähigkeit zu überprüfen, zu ratifizieren, zu ergänzen oder zu korrigieren.

Der Primiz- und Professvers markiert den Weg!

DIE NAHTSTELLEN VON KÖRPER, SEELE UND GEIST BEACHTEN

An der Entstehung von Burn-out und den damit häufig verbundenen psychischen und psychosomatischen Reaktionen sind psychische, soziale und spirituelle Faktoren beteiligt. In der medizinischen Forschung kennt man die Nahtstellen von Körper, Seele und Geist seit über dreißig Jahren. Das Zusammenwirken des endokrinen Systems, des hormonalen Systems und des zentralen Nervensystems ist erforscht, die entsprechenden Abläufe im Körper sind inzwischen bekannt. Die Alltagssprache kennt die Zusammenhänge schon lange und bringt sie auf ihre Weise zum Ausdruck. Wir sagen zum Beispiel: Angst macht dumm, Angst macht krumm, es geht mir an die Nieren, es schlägt sich auf den Magen, es sitzt mir im Nacken, ich zerbreche mir den Kopf, es schnürt mir den Hals zu, ich habe Angst, zusammenzubrechen, allein der Gedanke lässt mich erzittern ...

Da wir die körperlich-psychischen-spirituellen Zusammenhänge lange Zeit nicht verstanden haben und uns nicht erklären konnten, wurde den Betroffenen vielfach unterstellt, sie würden sich das einbilden beziehungsweise es sei eine persönliche Schwäche, so zu denken, zu fühlen und zu reden. Heute wissen wir jedoch, dass der menschlichen Natur eine sinnvolle Unterstützung mitgegeben wurde. Es handelt sich um den sogenannten Flucht-Angriff-Mechanismus. Fühlen wir uns bedroht oder überfordert, dann entsteht in uns eine Anspannung. Psychologisch betrachtet wird die Spannung als Verstimmung, als innere Unruhe, als Ärger oder als Angst erlebt.

Physiologisch sprechen wir von einer Stressreaktion. Stress gehört zum Menschsein. Wir kennen den gesunden Stress (Eu-Stress), der anspornt und beflügelt, und den schädlichen Stress (Dy-Stress), der krankmachen kann. In Belastungs- und Bedrohungssituationen wird die Nebenniere über das vegetative Nervensystem (Sympathikus) aktiviert und das Stresshormon Noradrenalin/Adrenalin ausgeschüttet. Der Blutdruck steigt. Der Körper wird auf eine Hochleistung eingestellt. Die Energie konzentriert sich ungeteilt auf die Bewegung, um die Bedrohung beziehungsweise die Herausforderung durch Kampf oder Flucht zu beseitigen.

Wir stehen heute vor dem Problem, dass für viele Seelsorgerinnen und Seelsorger die Wahrnehmung von Bedrohung und Überforderung dauerhaft anhält. Der körperliche Stressmechanismus greift aber nicht mehr, wenn Daueralarm gegeben wird. Gleichzeitig sind infolge der einseitigen Arbeits- und Lebensgewohnheiten der geistlichen Menschen die körperlichen Bewegungsmöglichkeiten erheblich eingeschränkt. Die mobilisierte, auf die Motorik ausgerichtete Energie wird nicht adäquat abgebaut. Stattdessen entlasten wir uns durch Essen, Alkohol und Rauchen, was vorübergehend ein angenehmes, entspannendes Körpergefühl ermöglicht, mittelfristig aber die Gesundheit gefährdet.

Viel besser wäre es, einen expressiven Umgang mit der stressbedingt mobilisierten motorischen Energie einzuüben, zum Beispiel in Form eines regelmäßig praktizierten Ausdauersports, wie wir dies in unseren Kursen anbieten.

Ein jüngerer Ordensmann hatte seine Antriebslosigkeit und Erschöpfung nicht zuletzt durch die Teilnahme an unserem Bewegungsprogramm, das später genauer vorgestellt werden soll, überwunden. Beim Auswertungsgespräch mit dem Oberen und dem Gast fragte mich der Obere, was ich für den Alltag empfehlen würde. Ich berichtete von der neu entdeckten Freude an der Bewegung und empfahl ihm, seinem Mitbruder zwei- bis dreimal in der Woche die Möglichkeit zu einem leichten Auslauf zu gewähren. Dies war in dieser Gemeinschaft offensichtlich nicht üblich und leider fortan auch nicht möglich. Die Empfehlung scheiterte an der zeitlichen Kollision mit den Gebetszeiten und an der Präzedenzsituation, die der Obere im Blick auf die Mitbrüder nicht zulassen wollte. Er könne ja meditieren und sich ausarbeiten.

IN DER LEBENSMITTE BESONDERS WACHSAM SEIN

Die Gefahr auszubrennen begleitet den gesamten Lebensweg. Dennoch gibt es Wegstrecken, die besonders anfällig sind. So halten gerade die besten Jahre in der Lebensmitte einen fruchtbaren Boden für die Entstehung und für den Ausbruch eines Burn-out mit den entsprechenden Lebensängsten, körperlichen Beschwerden und spirituellen Krisen bereit.

Die Lebensmitte ist mit einer Fülle von Verlusterfahrungen verknüpft. Verlust und Abschied aber verursachen Trauer und Angst. Es handelt sich dabei um eine ganz natürliche Angst, die bewältigt werden will. Typische Ängste sind beispielsweise: Es körperlich und geistig nicht mehr zu schaffen, nicht mehr so zu können. Die Arbeit braucht mehr Zeit, das Sitzen am Schreibtisch fällt schwer, Kreuzschmerzen stellen sich ein; man hat den Eindruck, in ständiger Hast und Eile zu sein, obwohl und gerade weil man zu allem etwas länger braucht. Eine andere Sorge ist die, krank zu werden, Leiden und Schmerzen ertragen zu müssen. Jeder Mensch hat seinen eigenen wunden Punkt, das schwächste Organ. »Wenn du mit 45 Jahren morgens aufwachst und dir tut nichts weh, dann bist du tot«, heißt es umgangssprachlich. Wir spüren unsere körperlichen Leistungsgrenzen deutlicher, je älter wir werden. Ganz real und häufig berichtet wird der Eindruck, nicht mehr attraktiv zu sein, nicht mehr so gebraucht zu werden. Jüngere Mitglieder in der Gemeinschaft und jüngere pastorale Kolleginnen und Kollegen sind ebenso erfolgreich und möglicherweise beliebt(er). Die wachgerufene Konkurrenz kann einerseits anspornen, andererseits aber zu einem übertriebenen und überfordernden Leistungsanspruch an sich selbst führen. Schließlich wäre noch die Angst vor dem Älterwerden, vor der Zeitlichkeit und der Begrenztheit, vor dem eigenen Tod zu nennen. Stolpersteine in der Lebensmitte

Wir weichen ihnen aus, reagieren offensiv und »wollen es allen – noch einmal – zeigen«. Das Geltungsstreben und das Anerkennungsbedürfnis treten auf den Plan. Angespornt und begleitet von der narzisstischen Selbstwertzufuhr des Mithaltenkönnens, lassen die kleinen Leistungserfolge im Alltag alle körperlichen, seelischen und zwischenmenschlichen Warnsignale außer Acht. Ein zwangsläufiger Zusammenbruch ist häufig die einzige Chance, in einer ausbalancierten und moderateren Weise weiterzuleben und die Möglichkeiten und Grenzen des Daseins anzunehmen.

DIE EIGENEN GRUNDBEDÜRFNISSE BEACHTEN

Das Leben erinnert uns immer wieder daran: Jeder Mensch, besonders auch derjenige, der für die Nöte und Sorgen anderer da sein soll und will, hat Grundbedürfnisse. Und man kann es sich nicht oft genug in Erinnerung rufen: leibliche, seelische, soziale und spirituelle Grundbedürfnisse. Sie stehen hinter folgenden Fragen, die wir sorgsam beantworten sollten:

- Was tue ich im Allgemeinen für mich, damit ich mich wohlfühle »in meiner Haut«?
- Was macht mir Spaß und Freude?
- Was ist meine Lieblingsbeschäftigung, mein Hobby?
- Wie spanne ich aus? Wie schalte ich ab?
- Wo tanke ich auf? Wo atme ich aus?
- Kann ich mit jemandem über meine Sorgen und über meine Freuden sprechen? Suche ich mir häufig genug Aussprachemöglichkeiten?
- Was gönne ich mir im beruflichen Alltag? Was kann ich so richtig genießen?
- Sage ich rechtzeitig Nein, wenn mir das Ganze zu viel wird?
- Verschaffe ich mir Erfolgserlebnisse?
- Wie stehe ich selbst zu meiner Arbeit? Schätze und achte ich das, was ich tue?
- Wie sorge ich dafür, dass meine Arbeit auch von anderen gewürdigt und anerkannt wird?

Wenn wir unsere eigene Bedürftigkeit sehen und wahrnehmen lernen, wenn wir uns um eine gesunde Selbstliebe bemühen, dann kommen wir zur Ruhe und tanken Kraft und Lebensenergie auf. Die vitalen Kräftespeicher werden neu gefüllt.

Lernen wir von der Natur: Ein Baum nimmt seine Nährstoffe mit Hilfe der Wurzeln aus dem Erdreich auf und verwandelt sie im Austausch mit dem Licht und mit Hilfe des Kohlenstoffs in der Luft in Energie, Wachstum und Fruchtbarkeit. Für uns stellt sich ähnlich wie für einen Baum die Frage: Wie nahrhaft ist das Erdreich, in dem ich verwurzelt bin? Welche Nährstoffe habe und brauche ich, um zu wachsen, um lebendig und fruchtbar zu werden? Bin ich in einer natürlichen Weise verwur-

zelt oder wird mir zu viel aufgepfropft? Kann ich mir das nehmen, was ich brauche, oder bestimmt mich eine »kaptative
Hemmung«? Obwohl vieles da ist, was mich belebt und mir
Kraft gibt, ergreife ich es nicht. Betreibe ich ein »intellectual,
economical oder spiritual bypassing«, eine Rationalisierung
meiner Bedürftigkeit mit Hilfe intellektueller, ökonomischer
und/oder spiritueller Argumente und Scheinbegründungen?
Und wie ist meine Aufrichtung, meine Ausrichtung nach oben?

Oder konkreter ausgedrückt: Kann ich mir das vom Leben
nehmen, was ich brauche beziehungsweise wonach ich mich zu-
tiefst sehne? Oder überfordere ich mich durch ein überstarkes
Entbehrungs- und Leistungstraining? Bin ich so mit dem Da-
seinskampf beschäftigt, dass erst alle Not beseitigt, große Vorrä-
te gesammelt, alle Pflichten erfüllt sein müssen, bis ich mir etwas gönnen kann? Brauche ich die Dauerbelastung, um mich zu
spüren, eine ständige Qual, um mich als bedeutungsvoll zu erfahren? Aus dem Descartes'schen »cogito, ergo sum« ist heute
vielfach ein »partior, ergo sum«, »ich leide, also bin ich/ich leide,
also lebe ich« geworden. Wie stehe ich in der Welt – gebeugt, be-
drückt, belastet oder aufgerichtet, ausgerichtet und offen nach
oben? Und welchen Stürmen, welchem Gegenwind und welchen harten Zeiten bin ich ausgesetzt?

Das sind Fragen, die uns über die persönliche Struktur und
Disposition hinaus zu den Umfeldbedingungen unseres Berufs-
und Privatlebens führen, zu den feldspezifischen Stolpersteinen,
die nicht weniger bedeutsam sind.

ÜBERFORDERNDE ROLLENERWARTUNGEN KRITISCH HINTERFRAGEN

Wie lautet Ihr beruflicher Auftrag, und wer sind eigentlich Ihre
Auftraggeber? Welche Ansprüche werden heute an einen fach-
lich und menschlich kompetenten Arzt gestellt? Welche Erwar-

tungen richten sich an den professionellen und erfolgreichen Psychotherapeuten, an eine gute und tüchtige Krankenschwester? Was alles hat eine liebevolle Ehefrau zu leisten, die gleichzeitig eine vorbildliche Mutter, eine attraktive und lustvolle Geliebte und Partnerin sein soll und im Beruf »ihre Frau zu stehen« hat? Was wird alles von einem erfolgreichen, flexiblen, engagierten Mann im Beruf und Ehrenamt erwartet, der darüberhinaus ein treusorgender Vater, ein einfühlsamer und zärtlicher Liebhaber, eben ein attraktiver Ehemann sein soll und will?

Ansprüche über Ansprüche, Erwartungen über Erwartungen, Ideal- und Wunschvorstellungen über Ideal- und Wunschvorstellungen, die gesellschaftlich transportiert und zum impliziten oder expliziten Auftrag werden. Vieles von dem hier Beschriebenen trifft besonders auf helfende und leistungsorientierte Berufe zu. Manches aber lässt sich auf alle Berufsgruppen, ja auf alle Menschen und alle Lebensalter (auch auf das erfolgreiche Schulkind) übertragen. Und je höher die Latte gelegt wird, desto größer sind nicht nur die Enttäuschungen, sondern auch die Symptombildungen.

Laut Definition umfasst und beschreibt eine Rolle die Summe aller Erwartungen, die an eine Person gerichtet werden, wenn sie eine bestimmte Position innehat. Was sind die feld- und aufgabenspezifischen Erwartungen an Priester und Ordensleute heute, die unter den gemeinsamen Rahmenbedingungen – Rückgang des Personalbestands und zunehmende Aufgabenbereiche – zu einer Überlastung führen können?

Priester stehen unter einem generellen Doppelauftrag: Geistliches Leben führen (zum Beispiel Liturgie, Gebetsdienst, Pflege der Tagzeitengebete) und Dienst am Menschen in der Seelsorge.

Zu Stolpersteinen können vor allem die impliziten und expliziten Erwartungshaltungen werden, und die insistierende Appellkraft der inneren und äußeren Auftraggeber kann Einzelne zu Fall bringen. Einige Appelle und Aufträge, die Priester berichten, sollen exemplarisch zu Wort kommen:

- Ein Priester muss auf jede Situation, egal ob Freud oder Leid, angemessen und entsprechend reagieren!
- Der Pfarrer soll in die Welt passen!
- Wir wollen einen schönen Gottesdienst!
- Wir wollen einen feierlichen Gottesdienst!
- Wir, die Vereine brauchen Sie!
- Wir wollen einen modernen Gottesdienst!
- Wir wollen unseren Sonntagsgottesdienst, wie er immer war!
- Wir wollen einen modernen Pfarrer!
- Wir möchten einen Pfarrer, der immer für uns da ist!
- Der Pfarrer ist der Chef. Er muss sagen, wo es langgeht!
- Wir wollen einen aufgeschlossenen Pfarrer!
- Sie sind für die Spendung der Sakramente und damit auch für die Vorbereitung und Katechesen zuständig!
- Wenn die Behörde ruft, muss man sich eilen!
- Wir, deine Verwandten, Geschwister, möchten auch noch etwas von dir haben!
- Herr Pfarrer, wo sind die Kinder, die Jugendlichen im Gottesdienst?
- Sie müssen für alle und für alles Verständnis aufbringen!
- Der Pfarrer hat es studiert, und er wird dafür bezahlt!
- In unserer Gemeinde soll etwas los sein!
- Machen Sie ordentlichen Religionsunterricht, dann gibt es keine Disziplinschwierigkeiten!
- Bringen Sie Ihre Bücher und Matrikeleintragungen in Ordnung!
- Besuchen Sie doch öfter die Hauskranken!
- Die Senioren warten darauf, dass Sie sich um sie kümmern!
- Eine ansprechende Predigt ist doch das Mindeste, was wir erwarten dürfen!

- Machen Sie endlich einmal Hausbesuche!
- Predigen Sie nicht so lang!
- Sie sollten mehr delegieren!
- Kümmern Sie sich um Ihre Mitarbeiter/innen!
- Wir Frauen möchten mehr Mitsprache und Beachtung!
- Beten Sie regelmäßig und andächtig das Brevier!
- Setz Dich ganz für die Nachfolge ein!
- Halte eine vernünftige Distanz: Leb so in der Welt, dass Du ihr gegenüberstehst!
- Ein geordnetes geistliches Leben wird Dich nähren!
- Lenke Deine Liebe nicht auf das Geschöpf (Frau), sondern auf den Schöpfer (»das Brevier ist deine Braut«)!

Schon beim Lesen der exemplarischen Aufzählung kann einem schwindlig werden. Doch machen wir uns bewusst: Die anderen, die all das wünschen und erwarten, sind keine schlechten oder unmöglichen Menschen. Es ist vielleicht sogar ihr gutes Recht. Die Aufgabe des so in die Pflicht Genommenen und Gefragten ist jedoch, einen der eigenen Person und der Sache dienenden Umgang mit den vielfältigen Erwartungen zu entwickeln. Dabei gilt auch für die Seelsorger: »Nobody is perfect«, niemand kann zaubern, und niemand ist mit dem Charisma der Bilokation ausgestattet, selbst wenn er geweiht ist. Doch den Mut aufzubringen und rechtzeitig in einer sozialverträglichen Weise seine Insuffizienz zu erklären fällt vielen nicht leicht. Statt klar und fest aufzutreten, versucht man weiterhin den Spagat, bis man sein Gleichgewicht verliert.

FÜR DIE MENSCHEN DA SEIN

Im Zentrum der Seelsorge und im Zentrum der Nachfolge steht der Mensch. Dem Berufungsgeschehen und der Antwort auf einen Anruf geht immer eine Zuwendung voraus, die zu einem

Betroffen- und Berührtwerden führt. Das war zur Zeit Jesu so, das ist bis heute so. »Sacramenta propter homines«, lautet der Auftrag: Seelsorge heißt, für die Menschen da sein, sie entsprechend den leiblichen und geistigen Werke der barmherzigen Liebe in ihren alltäglichen Nöten begleiten, heißt, die christliche Botschaft von einem gelingenden Leben aus dem Glauben vorleben und dadurch überzeugend nahebringen. Seelsorgliche Arbeit ist ein Dienst am Menschen, ist Begegnung mit Menschen, ist Beziehungsarbeit. Betriebswirtschaftlich betrachtet, gehört Seelsorge zum Bereich der Dienstleistungen, zum Non-Profit-Bereich. Sie konkretisiert sich in den bekannten Handlungsfeldern: Liturgia, Martyria, Diakonia, die allesamt die Koinonia aufbauen – entlang dem Kirchenjahr und entlang den Lebenswenden. Das soll auch in Zukunft so bleiben. Andererseits fehlen Priester im Weinberg des Herrn. Die Kirchensteuermittel werden knapper, und die Lebensräume der Menschen verändern sich.

DIE AUSWIRKUNGEN DER UMSTRUKTURIERUNGS- PROZESSE IN DER PASTORAL SEHEN

Den Gemeinden wird derzeit durch die Umstrukturierung der Pastoral in Pfarrverbünde, Seelsorgeeinheiten und neue Seelsorgeräume sowie durch die Fusionierung von ehemals selbstständigen Gemeinden ein gewaltiger Umstellungs- und Anpassungsprozess zugemutet und zugetraut. Die augenblickliche Situation ist gesellschaftlich nicht neu, kirchlich gesehen aber einmalig. Die Kirche hat Erfahrung in Missionierung, mit dem Aus- und Aufbau ihrer Einrichtungen. Rückzug, Rückbau, Ab- und Umbau im gegenwärtigen Umfang ist ein relativ neuer Vorgang.

Viele Adressaten und Gemeindemitglieder – aber auch viele Hauptberufliche – stehen den Auswirkungen der Umbaumaßnahmen in der Pastoral skeptisch gegenüber. Sie sehen den Verlust und vermissen den Gewinn. »Ohne Wehen kein Werden, ohne Wehen kein Gebären«, heißt es trefflich in einem Wort.

Die ambivalenten Gefühle und negativen Reaktionen als Auswirkung der Zusammenlegung der Gemeinden sind allenthalben spürbar: Sie kommen in den Schilderungen unserer Gäste zur Sprache, sie zeigen sich in den vielfältigen Konflikten vor Ort und in der Belastung und Erschöpfungssymptomatik gerade jüngerer Priester. Eine Umbruchssituation, die mit Verlust verbunden ist, kann nicht einfach positiv umgedeutet werden. Abschieds- und Trauerarbeit ist erforderlich – und zwar bei allen Beteiligten. Da Ohnmacht, Rat- und Hilflosigkeit, Schuldgefühle und Trauer schwer zu ertragen sind, werden mancherorts gleichsam pragmatische Macher als Sanierer und Reformer aktiv, deren pastoralen Lösungsvorschläge einen »Tick des Guten zu viel«, zu radikal und zu energisch angelegt sind. Damit spalten sie eher und verursachen schwierige Konfliktsituationen, als dass sie zusammenführen und aufbauen.

Man wird bisweilen gegenwärtig an das Bild von der »Herde ohne Hirten«[4] erinnert. Es drückt eine emotionale Befindlichkeit aus, die die Verantwortlichen in den pastoralen Großräumen und viele Gemeinden und Zielgruppen empfinden, nämlich ein Gefühl des Verlassenwerdens und des Verlassenseins. Die Reduzierung einer ortsnahen Seelsorge führt in der Regel zu einem Rückgang des Zusammenhalts in der Herde. Im Extremfall kann sogar das Bild vom »Hirten ohne Herde« Wirklichkeit werden, das nicht nur die bischöflichen Finanzkammern in Sorge versetzt.

Wie wirkt sich die neue Berufswirklichkeit auf die pastoralen Mitarbeiter und die Gemeinden aus? Was passiert mit den Hirten, wenn sie eigenständige und benachbarte Herden, die das eigentlich gar nicht wollen, zusammenzuführen und zu managen haben? Fachkundige Gemeindeentwickler ermutigen in dieser Situation, das Glaubens- und Gemeindeleben eigenständiger und ehrenamtlich vor Ort zu organisieren. Doch es entstehen neue Fragen: Wo bleibt das Amt, wenn die Gemeinden selbstständiger werden? Hat die Ehrenamtlichkeit nicht personelle, zeitliche und fachliche Grenzen? Wie kann der Einsatz hauptberuflicher Laien mit dem Kirchenrecht vereinbart werden, das den Pfarrer als »rector ecclesiae« ausweist. – Eine schwierige Situation auf der persönlichen und institutionellen Ebene.

Je nach Persönlichkeitstyp[5] reagieren wir ganz unterschiedlich auf Veränderungen. Die Sehnsucht nach Beständigkeit, Dauer und Sicherheit ist ein starkes Grundbedürfnis. Veränderungen und Neues können massive Ängste auslösen, die durch eisernes Festhalten an überkommenen Einstellungen, Grundsätzen und Gewohnheiten reguliert werden. »Alles soll beim Alten bleiben.« Die Bibel zeigt in eine andere Richtung: »Prüft alles und behaltet das Gute!« schreibt Paulus an die Gemeinde von Thessalonich.[6] Wir sind beeindruckt von Abraham, der sein Vaterhaus hinter sich lässt und ganz auf die Verheißung Gottes setzt.[7] Uns spricht die kritische, auf Veränderung zielende Botschaft der Propheten an, und vor allem Jesu Verkündigung und Handeln selbst: immer geht es um Neues, Wesentliches, Zentrales, anderes als das Bisherige und so weiter.

In einer Zeit rasanter gesellschaftlicher Umbrüche und Umbauprozesse scheint jedoch die Bedeutung der Kirche in Deutschland als Ort der Beständigkeit zu wachsen. Das Selbstverständnis, die Unternehmensphilosophie des Zweiten Vatikanums von der Kirche als »wanderndes Volk Gottes unterwegs« scheint gleichzeitig von einer starken bewahrenden Kraft beseelt, die sich in einer traditionsgemäßen Orientierung und Regelungsfreude zeigt.

Die bewahrende Kraft lässt kein eindeutig positives Klima für Veränderungen und Entwicklungen aufkommen. Groß erscheint dagegen das Bemühen, darauf zu achten, dass nichts vorschriftswidrig geschieht beziehungsweise nichts »aus dem Ruder« läuft. In einem Klima der »Enge« (von der indogermanischen Wurzel: angh, Angst) – institutionell und persönlich – sind zukunftsweisende Schritte und Entscheidungen nur schwer umzusetzen.

Nach den Sinus-Milieu-Studien findet sich die Bereitschaft für Veränderungen besonders in den Lebensmilieus der Postmaterialisten und Experimentalisten, der New Performer und der Hedonisten, also in den Lebenswelten der Jüngeren. Welchen Milieus gehören unsere Kerngruppen in den Gemeinden und die Verantwortlichen für die Seelsorge an?[8] Sind die zentralen Träger und Zielgruppen, die kirchliches Handeln heute (noch) erreicht, offen für Neues und in der Lage, die Risiken von Veränderungsprozessen und des Wandels in einer guten Weise mitzutragen beziehungsweise auszuhalten? Ehemals feste Trittsteine kommen ins Rollen. Pastorale Versorgung großer Räume und Seelsorgeeinheiten, lautet die Wegmarkierung heute.[9] Nicht wenige kommen da nicht mehr mit und bleiben auf der Strecke.

IN DER ZWICKMÜHLE: BERUFSWUNSCH SEELSORGER – BERUFSWIRKLICHKEIT MANAGER

Das Thema Überlastung und Überforderung unter den pastoralen Mitarbeitern und insbesondere von Pfarrern nimmt infolge der Umstrukturierung der Pastoral zu. Die Anpassungsprozesse zwischen Person, Rolle, Auftrag, Institution und gemeindlichen Zielgruppen verlaufen weitaus schwieriger als angenommen. Und das zeigt sich bereits in der Priesterausbildung: Das Erlernen der Sprachen[10], der hohe Bedarf an psychischer Energie, um die Lebensform der evangelischen Räte einigermaßen verwirklichen zu können, die Vielfalt der offenen Ämter und Funktionen im Seminaralltag während des Studiums, die relativ hohe Fluktuation in der Ausbildungsgemeinschaft bei der geringen Anzahl der Neuaufnahmen, all das weist darauf hin, dass die Kraft, den Weg zum geistlichen Beruf zu gehen, bereits in der Ausbildungsphase an Grenzen kommt. Das Sublimationspotenzial der Berufenen ist begrenzt und vielfach bereits erschöpft. Oder anders ausgedrückt, die Möglichkeit und Fähigkeit, die Sexus- und Eros-Liebe in Agape-Liebe zu transformieren, das heißt, die eigene Bedürftigkeit in Dienstbereitschaft und Hingabe zu verwandeln, scheint auch angesichts der veränderten Rahmenbedingungen der zölibatären Lebensform heute immer geringer und schwieriger zu werden.

Wir dürfen ferner nicht vergessen, dass Priester wie andere Personen und Berufsgruppen auch unter den allgemeinen Belastungen, die das Menschsein und der Lebensalltag mit sich bringen, stehen. Das tägliche Leben – überwiegend das Leben eines Singles – will organisiert und gestaltet werden. Erfahrungen mit dem Älterwerden, mit Krankheit und vor allem mit der Einsamkeit in den großen Pfarrhäusern und Großraumgemeinden beschäftigen unsere Gäste.

Wie alle helfenden Berufsgruppen müssen sie ferner die Gegebenheiten, die durch den dauerhaften Umgang mit leidenden, bedürftigen – aber auch kritischen und anspruchsvollen – Gremien und Gemeindegliedern entstehen, verarbeiten und kompensieren. Angesichts der möglichen »psychischen Infektion« durch die Arbeit in schwierigen Strukturen und mit herausfordernden Zielgruppen heißt das Gebot der Stunde, gesund und stabil bleiben.

Ob und was individuell als Stress erlebt wird, kann im Einzelfall sehr unterschiedlich sein. Die individuelle Belastbarkeit hängt zum einen von persönlichen, zum anderen von von außen kommenden situativen Faktoren ab. Eine Hauptursache für die Frustration und Überforderung von Priestern liegt in der Wahrnehmung der »wegbrechenden Gemeinde«. Gleichzeitig wachsen die Anforderungen. Rollen und Einsatzgebiete werden erweitert, der Aufgabenkatalog wird umfangreicher. Leitung, Kooperation, Organisation, Verwaltung, Konfliktmanagement und Repräsentation zehren beim operativen Geschäft am Energie- und Zeitbudget.

Noch vor wenigen Jahrzehnten brauchte man sich als Priester nicht ständig zu fragen, was zu machen ist und wie man es am besten angeht, und man brauchte sich auch nicht unentwegt zu entscheiden. Die psychische Energie, die heute permanent für Entscheidungen aufzubringen ist, konnte einfach in die Arbeit eingehen. Stress beginnt in der Regel dort, wo permanente Selbstgestaltung gefordert ist und differenzierte, anspruchsvolle Leistungen erbracht werden müssen.

Wir kennen die Beobachtung und die Erfahrung, dass wir dann, wenn wir im Aufwind stehen, viel wegstecken können. Ganz anders ist es jedoch bei starkem Gegenwind beziehungsweise wenn wir uns wie auf einem absteigenden Ast erleben.

Der Abbau von Arbeitskräften unter gleichzeitiger Erweiterung der Arbeitsaufgaben und -felder verschärft folglich die persönliche Stresssituation. Die gesellschaftlichen, ökonomischen und spirituellen Umbrüche führen gegenwärtig bei einer Reihe von Seelsorgern zu einem Identitätsverlust, bezogen auf ihre Rolle, und zu einem Plausibilitätsverlust, bezogen auf die religiösen Inhalte. Die Stolpersteine werden zahlreicher und größer.

Seelsorge, gehört unternehmerisch betrachtet, zum Dienstleistungsbereich. Eines der wichtigsten Unternehmensziele von professionellen Dienstleistungen ist »Kundennähe und Kundenzufriedenheit.« Um dies zu erreichen, spricht man von den »fünf B's«, die Dienstleistende beachten und ermöglichen sollen, wenn sie sich auf dem Markt behaupten wollen:

Pflege des Kontakts und Aufbau einer **B**eziehung, rasche **B**earbeitung und gute **B**eratung, entgegenkommende **B**etreuung, Festigung der **B**indung und Ermöglichung von **B**eheimatung.

Die Pastoral als Dienst Gottes am Menschen kann sich mittelfristig nicht mit ausgedünnten beziehungsweise flüchtigen Sozialkontakten begnügen oder ihren Kontakt zu den Menschen auf eine geistliche Kommunikation beziehungsweise auf liturgische Begegnungen beschränken. Wenn Jesus von Nazareth dies so gewollt hätte, wäre er als Zwölfjähriger im Tempel geblieben.

Die leiblichen und geistlichen Werke der barmherzigen Liebe bedürfen einer konkreten und verlässlichen Zuwendung. Seelsorge bleibt immer konkret, beziehungs- und personalintensiv. Sie ist Weggemeinschaft und keine punktuelle und vorübergehende Eventpastoral. Aus dieser Haltung haben sich auch viele unserer Gäste entschieden, Priester zu werden. Sie wollen Seelsorger sein und keine Manager. Sie stehen nun vor der schwierigen Aufgabe, wie sie bei der Komplexität ihres Auftrages selbst menschliche Geistliche beziehungsweise geistliche Menschen bleiben, ja wie sie ihrer Ursprungsintention treu bleiben können.

Unbewusste Unternehmensphilosophie als Krankmacher

Pastorale Mitarbeiter und Mitarbeiterinnen müssen sich mit der unbewussten pastoralen Unternehmensphilosophie auseinandersetzen, die ermüden und krank machen kann. Was gute Priester, aber modifiziert auch die anderen pastoralen Berufsgruppen ausmacht, was sie sind und sein sollen, wird bei verschiedenen Anlässen wie Weiheansprachen, Aussendungsreden und bei Jubiläumsfeiern ins Wort gebracht:

- Sie sind »immer im Dienst«. Sie sollen flexibel und jederzeit erreichbar sein. Dabei gibt es beide Gruppen. Die, die die Residenzpflicht und Erreichbarkeit so ernst nehmen, dass sie auf Freizeit und räumlichen Abstand verzichten, und die, die zum Ärgernis anderer allzu großzügig mit den dienstlichen Verpflichtungen umgehen.

- Priester sollen sich ganz in den Dienst einbringen. Das paulinische »Allen alles werden« kann zu einer überzogenen Selbstlosigkeit unter Missachtung der persönlichen Bedürfnisse und Grenzen führen. Gefährdet sind vor allem die, die die gesunde Selbstfürsorge in ihrer Lebensgeschichte nicht genug einüben und pflegen konnten.
- Priester sollen glaubwürdige Vorbilder und Autoritäten sein. Der hohe moralische Anspruch und das Leben in der totalen Rolle auf der öffentlichen Bühne sind nicht nur ein Ansporn, sondern führen zu einem inneren und äußeren Druck, mit dem manche unserer Gäste in der Weise umgehen, dass sie gleichsam ein Schattenleben führen: ein Leben im Schatten ihrer selbst oder im Schatten der gewählten Berufsrolle und Lebensform.
- Sie sollen entsprechend den Unternehmenszielen und -werten (Leitbild) leben, das heißt ein hohes Maß an Identifikation mit den institutionellen Vorgaben und ein hohes Maß an Loyalität zu den Vorgesetzten verwirklichen. Der entstehende Konformitätsdruck von der Kleiderordnung bis zur Einhaltung eines auf Uniformität bedachten Rollenverhaltens bringt manche unserer Gäste in Kollision mit ihrem Verständnis von der befreienden Botschaft des Glaubens und mit dem Wunsch nach Selbstbestimmung.
- Von den Priestern und den anderen seelsorgerlichen Berufsgruppen wird affektive Reife, Friedfertigkeit, Harmonie und geschwisterlicher Umgang miteinander erwartet. Sie sind Mitglieder einer Dienstgemeinschaft. Spannungen und Konflikte haben da keinen Platz. Ein zerstrittenes Seelsorgeteam stört das Bild von einer vertrauenswürdigen heilen und heilenden Institution. Das kann dazu führen, dass die natürliche Geschwisterdynamik (Gruppendynamik) und andere Rollenkonflikte in einer Weise unterdrückt werden, dass keine angemessene Konfliktkultur entsteht.

- Die ganze Kraft und Energie sollen stattdessen dem Unternehmensauftrag zugutekommen. Arbeit, Leistung und Pflichterfüllung haben einen hohen Stellenwert.

All diese kollektiven Erwartungen an die geistlichen und seelsorgerlichen Rollenträger streben an und für sich einen positiven Gehalt an. Sie werden aber auf dem Hintergrund einer Lebensbiographie, die diese Haltungen von Anfang an einseitig eingepflanzt und verstärkt hat, ihre erschöpfende und krankmachende Wirkung entfalten. Eine gutgemeinte traditionelle Formation kann dabei mit ihren Zielsetzungen und Übungen »Öl ins Feuer gießen«.

Führen, Leiten und Kooperieren lernen

»Die administrativen Aufgaben ersticken mich. Ich muss eine Broschüre mit Checkliste zum Thema ›Sicherheitscheck am Arbeitsplatz‹ durcharbeiten. Die bischöfliche Finanzkammer will eine Inventarliste für den Versicherungsfall. Die Anträge nach einem Blitzeinschlag in den Glockenturm sind auszufüllen. In der Kirche wurde eingebrochen. Die Telefonanlage muss nach dreißig Jahren erneuert werden. Ständig gibt es etwas zu renovieren und zu reparieren. So einen Stapel Kindergartenanträge habe ich neulich beim Anhören einer Papst-CD blind unterschrieben. Ich hab kaum mehr Zeit zum Lesen, Studieren und Beten. Manchmal komme ich mir vor, wie jemand, der zum Profifußballer ausgebildet ist und jetzt Volleyball spielen soll ...«[11]

Die Rolle und der Aufgabenkatalog des verantwortlichen Pfarrers einer Seelsorgeeinheit erweitern und akzentuieren sich unter den gegenwärtigen Rahmenbedingungen. Der Anteil der Leitung und Administration wächst zu Lasten der beiden anderen Sektoren: Pastorale Grunddienste und Einzelseelsorge.

Nicht wenige Priester befürchten für den Fall, keine Leitungsposition innezuhaben, zum »Priester zweiter Klasse« zurückgestuft zu werden, ja sie befürchten, dass sie als »Kaplan«, Pfarrvikar und mitarbeitender Priester ihre Eigenständigkeit verlieren. Wir beobachten, wie der latente, häufig aber auch offene Rivalitätskonflikt, der vor einigen Jahren noch zwischen den hauptberuflichen Laien und Pfarrern stattfand, jetzt die Priesterschaft selbst erreicht hat. Die Rolle des Moderators beziehungsweise leitenden Pfarrers wurde aufgewertet. Bildlich ausgedrückt, ist er nicht nur Dirigent eines Ensembles oder Orchesters, er ist mehr als der Coach seiner Mannschaft und mehr als ein Spielertrainer. Er ist darüber hinaus Schatzmeister, Vorstand, Abteilungsleiter (Sakramentenspendung), Aufsichtsratsvorsitzender und vieles andere mehr.

Die zentrale Herausforderung liegt im Dreiklang von Führen, Leiten und Kooperieren. Sicher gibt es eine Reihe von Priestern, die die neue Rolle gut ausfüllen. Viele müssen sich aber auf dem Hintergrund ihrer hierarchischen Vorerfahrung ein angemessenes Führungsverhalten aneignen und einüben. Denn Führen heißt gerade im Bereich der Mitarbeiterführung, andere Menschen wertschätzend und zielgerichtet in einer spezifischen Situation dazu zu bewegen, Aufgaben zu übernehmen und erfolgreich auszuführen. Nicht ein patriarchalisch geprägter oder autokratischer Führungsstil, sondern der sozial integrative Führungsstil erweist sich für die pastorale Arbeit als geeignet. Denn dieser hat sowohl die Bedürfnisse der Adressaten sowie der hauptberuflichen und ehrenamtlichen Mitarbeiterinnen und Mitarbeiter, als auch die Aufgaben und Ziele im Blick. Nicht umsonst spricht man heute von der »Kunst des Führens«.

Der Doppelauftrag, den Menschen und dem Ziel, der Sache zu dienen, umfasst in der hierarchisch geprägten Institution Kirche die Fähigkeit zum situationsbezogenen beziehungsweise kairologischen Führen unter Anwendung der »Epikie«. Da aber –

wie wir immer wieder feststellen müssen – die Machtthematik auch zum Kompensationsraum für ungestillte Grundbedürftigkeit werden kann, tun sich manche Menschen damit recht schwer, egal, welche kirchliche Leitungsposition sie innehaben.

Leiten heißt die Gesamtorganisation (zum Beispiel einen Pfarrverbund, eine fusionierte Großpfarrei) als Objekt von Strategie und Planung zu begreifen und geeignete Lenkungsmittel zu benutzen, um die Pastoral zu sichern und zu gestalten.[12] Gemäß der Fachliteratur umfasst Führung als zielorientierte Gestaltung folgende vier Funktionen: Zielbildung und Visionsarbeit, Koordination von Personen und Sachmitteln, um Ziele zu erreichen, Motivation von Personen, um an der Erreichung von Zielen mitzuwirken, und Repräsentation des Unternehmens nach innen und außen.

Wer eine Führungsposition innehat, muss lernen, sich der institutionellen und der eigenen, persönlichen Führungsgrundsätze (Menschenbild, Führungsstil, Primärbedürftigkeit) klar zu werden und Instrumente der Leitung zu handhaben. Dazu gehören: Planung und Steuerung, Organisation, Controlling, Information, Kommunikation, Mitarbeiterführung und Delegation. Erforderlich ist – psychologisch betrachtet – eine der Situation und dem Ziel angemessene Aktivierung und Mobilisierung der vitalen Energien (Aggredi), letztlich eine gelungene Sublimation (Umwandlung) der Aggression. Wir versuchen deshalb während der Ausbildung im Priesterseminar und vor allem in der Begleitung von Priestern und Ordensleuten im Recollectio-Haus, die vitalen Seiten des Mensch- und Mannseins zu fördern. In thematischen Workshops und Übungen wenden sich die Kursteilnehmer den positiven Ressourcen wie Kraft, Ausdauer, Kreativität, Kommunikation und Selbstmanagement zu, mit denen die veränderten Aufgaben in der Pastoral heute angegangen werden wollen.

Andererseits werden die Gäste im Rahmen unseres Konzepts zum Beispiel als Mitarbeiter beziehungsweise Mitarbeiterin im Küchenteam tätig und können dadurch ihre kooperative Kompetenz überprüfen und weiterentwickeln. Die regelmäßig stattfindenden Teamsupervisionen tragen dazu bei, genau hinzuschauen und Rückmeldungen über die Außenwirkung des eigenen Redens und Handelns einzuholen.

Durch die Anwesenheit von Ordensfrauen und anderen Mitarbeiterinnen im Team kommt das Mann-Frau-Thema in den Blick. Mancher Gast kann in dem »gemischten Konvent auf Zeit« erstmals nachvollziehen, weshalb es in seinem gemischten Seelsorgeteam vor Ort zu Missverständnissen und lästigen Konflikten gekommen ist und wodurch er selbst das Konfliktpotenzial befeuert.

SICH VOR DEM AUSBRENNEN SCHÜTZEN

Fassen wir zusammen: Was kann das Seelsorgepersonal ins Stolpern bringen?

Was begünstigt die Entstehung des Ausbrennens?

Wir müssen feststellen, dass verschiedene Einflüsse beteiligt sind: Gesellschaftliche, ökonomische und institutionelle Rahmenbedingungen, die Ziele der Organisation, die bewusste und unbewusste Unternehmensphilosophie; beteiligt sind die einzelnen Personen mit ihrer spezifischen Lebensgeschichte, mit ihren eigenen Zielsetzungen und Beweggründen, mit ihren biologischen, seelischen, sozialen und spirituellen Grundbedürfnissen. Das Spezifische der Rolle, das heißt die Summe der Erwartungen an eine Person, die eine bestimmte Position innehat, kann dauerhaft überfordern. Bei Rollenkonflikten und Auftragskollisionen bedarf es Entscheidungen durch die Auftraggeber und von Seiten der Rollenträger. Bestimmte Arbeitsfelder und Aufgabenbereiche können zu Dauerbelastungen werden. Das Zusammentreffen mit und die Begleitung von bestimmten Adressaten, Zielgruppen und Gremien kann Kräfte verzehren und seelisch belasten. Die individuellen und institutionellen Stress fördernden Aspekte beeinflussen und verstärken sich gegenseitig, vor allem, wenn sie unbewusst und unbemerkt zusammenspielen. Das unbewusste Zusammenspiel zu erkennen und eine gesunde Lebens- und Arbeitsstrategie zu entwickeln bleibt die Aufgabe – nicht nur in einer Krise und nach einer Krankheit. Die persönliche Begegnung mit Menschen und die Arbeit am Menschen erfordern als Ausgleich und Ergänzung für die andauernde personale Präsenz Zeiten partieller Präsenz, wie wir sie zum Beispiel im handwerklichen Bereich erfahren können. In der Regel ermöglicht ein äußerer räumlicher Abstand eine innere Distanzierung und setzt ein »Entrollen« (social disengagement) in Gang. Ein gesunder Abstand zur beruflichen Aufgabe, entlastende Freizeiterfahrungen und freie Zeiten überhaupt gehören zum Leben und beugen einem Ausbrennen vor. Rituale des Übergangs unterbrechen anhaltende Stressreaktionen und bewirken die notwendige körperliche und seelische Regeneration.

Wie können wir uns entrollen und Distanz verschaffen?

Wie steht es mit dem Privatleben und der Ausgleichsfunktion der Familie beziehungsweise von Freunden als Gegenüber eines Berufslebens, in dem man mit ganzer Kraft für andere da sein will und da sein soll?

Schmidbauer[13] hat in seinem Buch »Helfen als Beruf« vier Lösungsarten der Spannung zwischen dem Beruf und dem Privatleben beschrieben, die gerade auch im seelsorgerlichen Feld von Bedeutung sind.

1. Das Opfer des Berufs

Opfer des Berufs ist der Mensch, der total in seinem Beruf aufgeht und über kein Privatleben verfügt. Er ist »rund um die Uhr« im Dienst. Er beschäftigt sich ausschließlich beziehungsweise überwiegend mit Fachliteratur. Ständig spricht er von seiner Arbeit oder denkt über sie nach. Er hat Schwierigkeiten beim Abschalten und läuft Gefahr, zu ermüden und auszubrennen.[14]

2. Der Spalter

Spalter trennen scharf nach dem Motto: »Dienst ist Dienst und Schnaps ist Schnaps«. Sie haben hohe Erwartungen an ihre Angehörigen und Nahestehenden nach Verständnis und Rücksichtnahme. Sie sehen ihr Privatleben als Auffangbecken. Sie sind stolz darauf, gut abschalten zu können, und wie wenig man es ihnen anmerkt, zum Beispiel Pfarrer oder Lehrer zu sein. Spalter reagieren allergisch, wenn sie in ihrer Freizeit auf ihre berufliche Tätigkeit hin angesprochen werden.[15]

3. Der Perfektionist

Perfektionisten möchten ihren Beruf und ihr Privatleben perfekt gestalten. Berufliche Vollkommenheitsansprüche werden auf die Freizeit und auf das Privatleben übertragen.[16] Häufig leiden sie jedoch darunter, dass sie ihre Ideale, die sie auch an ihr Privatleben richten, nicht erreichen. Auch in der eigenen Familie läuft nicht alles gut. Es herrscht nicht immer ein Klima der Offenheit; es kommt Streit auf und Kränkungen werden nachgetragen.

4. Der Pirat

Diese Menschen befriedigen ihre Primärbedürftigkeit und ihre persönlichen Interessen im Beruf. Sie pflegen zum Beispiel allzu persönliche Freundschaften mit einzelnen Personen, für die sie in ihrer Tätigkeit Verantwortung haben, und sie verbringen ihre Freizeit ausschließlich mit den Anvertrauten. Sie nutzen ihre beruflichen Möglichkeiten, um ihr Privatleben aufzufüllen, und holen sich das zum Leben, was sie anderswo persönlich sonst nicht bekommen könnten. Sie stehen in der Gefahr, die Anempfohlenen auszubeuten und von sich abhängig zu machen.[17]

Stellt die eine Art und Weise, Beruf und Privatleben auszubalancieren, eine Gefährdung zum Burn-out dar, ist die andere Weise weniger angemessen, um der Sache und dem Auftrag zu dienen. Das zu erkennen und sich selbst richtig zuzuordnen, ist der erste Schritt. Viele unserer Gäste machen sich bewusst, dass der bisherige Lösungsweg der Spannung zwischen Berufs- und Privatleben ergänzt und erweitert werden muss, damit die Gefahr des Ausbrennens und auch des Ausbeutens verringert wird. Abstand, Freizeit, Erholung und ein überlegt gestaltetes Privatleben mindern die Wahrscheinlichkeit, zu ermüden.

An grundsätzlichen Empfehlungen und Übungen zu einem ausbalancierten, gesunden Lebensstil, von der richtigen Ernährung bis hin zu einer Stress abbauenden moderaten körperlichen Aktivierung im Bereich des Ausdauersports mangelt es nicht. Die Printmedien bringen sie wöchentlich unter der Überschrift: »Wellness und Fitness« ins Haus. Wenn sich die innere Haltung nicht verändert, nützt auch das beste Programmelement nicht viel. Denn alles, was wir für den Erhalt der Gesundheit tun oder lassen, können wir in einer leistungsorientierten, verbissenen Weise tun oder lassen. Auch ein ärztlich empfohlenes Bewegungsprogramm kann in einer ehrgeizigen und sich selbst beweisenden Einstellung benutzt werden, »um dem vermissten Glanz in den Augen der Eltern hinterherzulaufen«.

Der aus einem ungestillten Anerkennungsbedürfnis resultierende Leistungsanspruch kann sich als innerer Antreiber mit allem verbünden, was einem an guten Ratschlägen und Rezepten begegnet. Es geht vielmehr um das rechte Maß, um die Temperantia, um die Aufmerksamkeit für die kleinen Dinge, um die Entwicklung der Genussfähigkeit, um eine Entschleunigung, um die Beachtung der Gesetze der Schöpfung und Natur. Es geht um die Kunst des Lebens in einer sich ändernden, leistungsorientierten Welt. Immer wieder stehen wir vor der Aufgabe, unserem Dasein eine lebensbejahende Ordnung zu geben:

»Ora et labora« empfiehlt der hl. Benedikt, »den Nächsten lieben wie dich selbst« die Bibel, »lieben und arbeiten« Sigmund Freud!

GUT MIT SICH UMGEHEN

Gönnen Sie sich jetzt zwischendurch einen Trittstein!

Unterbrechen Sie das Weiterlesen für eine kurze Weile. Denken Sie jetzt einmal darüber nach, was Ihnen im Augenblick guttun könnte. Worauf hätten Sie Lust? Was würde Ihnen Spaß und Freude bereiten? Die nächsten zehn Minuten gehören Ihnen. Tun Sie es jetzt!

KRAFTQUELLEN ENTDECKEN

Machen Sie sich einmal Ihre Kraftquellen bewusst!

Notieren Sie auf den nächsten Seiten Ihre ganz persönlichen Kraftquellen!

....

Worte, die mir Kraft geben:

....

Orte, an denen ich Kraft auftanke:

Räume, die mich beleben:

Menschen, die mir Kraft geben:

....

Gebete, die mich stärken:

....

Gedanken, die mich aufbauen:

....

Klänge und Melodien, die mein Herz erheben:

....

Bilder, die meine Seele nähren:

Aktivitäten, die mich beleben:

Augenblicke, die mir guttun:

Landschaften, die mich inspirieren:

....

Erinnerungen, die mich freudig stimmen:

....

Wenden wir uns zum Schluss noch einmal dem Feld Recollectio-Kurse zu. Ich möchte zwei Programminhalte beschreiben, die das geistliche Leben flankieren und im Sinne der primären Prävention vorbeugend wirken können, gleichsam als Wegmarkierung und Trittsteine für den Alltag.

IN BEWEGUNG BLEIBEN

Es gibt gute Gründe dafür, ein Bewegungsprogramm zum Bestandteil eines ganzheitlich orientierten Konzepts der Regeneration zu erheben. Bei unserem Ansatz der »Moderaten Körperlichen Aktivierung« (MKA) tragen wir der Erkenntnis Rechnung, dass ein maßvoller Bewegungsaufbau sich förderlich auf das persönliche, körperliche und spirituelle Wohlbefinden auswirkt und einen positiven Umgang mit stressbedingten Belastungen in Gang setzt.

Für die Moderate Körperliche Aktivierung eignen sich Bewegungsformen und Sportarten, die gut dosiert und gleichmäßig über einen längeren Zeitraum durchgeführt können, wie Spazierengehen, Wandern, Walken, Joggen/Laufen, Fahrradfahren, Schwimmen, Rudern, Ergometertraining und so weiter. Bergwandern und Skilanglauf sind gelände- und witterungsbedingt in unserer Gegend nicht möglich.

»Wir sind keine Leistungssportler, sondern Gesundheitssportler.« Mit dieser Devise motiviere ich die Gäste, die gesundheitsfördernde Kraft der Bewegung neu zu entdecken. Um einer gesundheitlichen Gefährdung vorzubeugen, ist es ratsam, vor der Aufnahme des Bewegungstrainings ärztlichen Rat einzuholen. Wer älter als 35 Jahre ist, eine vorwiegend sitzende Lebensweise pflegt und während der letzten fünf Jahre nicht regelmäßig Sport betrieben hat, wer übergewichtig ist, raucht, unter hohem Blutdruck leidet, einen erhöhten Cholesterinspiegel oder Anzeichen oder Symptome einer Erkrankung aufweist, wer unter Atembeschwerden leidet oder Blutdruck regulierende Medikamente oder Herzmittel einnimmt – und das eine oder andere trifft auf die überwiegende Zahl unserer Gäste zu –, muss vor der Aufnahme der Moderaten Körperlichen Aktivierung einen ärztlichen Check absolvieren. Meistens wird die individuelle Trainingsherzfrequenz an Hand eines Belastungselektrokardiogramms bei einem Sportarzt oder Kardiologen ermittelt. Wir empfehlen weiterhin, sich maßvoll zu bewegen, so dass sich die Beteiligten gut unterhalten können. Das persönliche Tempo soll ein angenehmes Körpergefühl nach sich ziehen. Hetze, Stress und Leistung haben hier keinen Platz. Hilfreich ist dabei gerade am Anfang die regelmäßige Herzfrequenzkontrolle, zum Beispiel mit Hilfe eines Pulstesters oder durch Pulszählen.

Unsere Gäste erhalten bei der Einführung in das Programmelement einen sogenannten Recollectio-Bewegungspass, in den sie die verschiedenen Bewegungsweisen eintragen können, die sie in Eigenregie oder mit anderen während ihres Aufenthaltes absolvieren. Wir motivieren die Gäste, in der Gruppe oder auch allein spazierenzugehen, kleine oder größere Wanderungen zu unternehmen, Fahrrad zu fahren – es stehen im Haus einige Räder zur Verfügung –, zum Schwimmen in die benachbarten Schwimmbäder zu gehen, zu walken beziehungsweise leicht zu joggen. Jeden Mittwochnachmittag findet ein gemeinsamer Lauftreff mit Aufwärm- und Dehnübungen statt. Es besteht ferner die Möglichkeit, mit den Mönchen der Abtei in der Sporthalle Ball zu spielen, in der Voltigier- und Reithalle zu reiten, sich beim freien oder meditativen Tanzen zu bewegen, an der Aikidogruppe teilzunehmen, den Kraft- und Fitnessraum zu besuchen oder im Boxraum die eigene Kraft wiederzuentdecken und sich »auszupowern«. Leben ist Bewegung – geistliche Menschen sind aber eher die Entschleunigung gewohnt. Ihr Gang ist häufig verhalten meditativ, ihre Haltung gesammelt und zentriert, weniger expansiv und dynamisch. Den spirituellen Aktivitäten fehlen in unserer Kultur weitgehend das dynamische Moment und die Kraft im Ausdruck. Die zahllosen Sitzungen und Konferenzen tun das Übrige dazu. Der Schatz unserer Sprache kennt dagegen verschiedene Sinnzusammenhänge von Bewegung und Leben, vom bewegten Lebenslauf. Das folgende Wortspiel soll nicht nur unsere Gäste sensibilisieren:

»Alles hat seinen Lauf. Das Leben nimmt seinen Lauf.

Die Dinge nehmen ihren Lauf.

Nichts, aber auch gar nichts bleibt wie es war.

Es kommt, wie es kommen musste: Du musst gehen.

Bleiben geht nicht – Nicht liegen bleiben – nicht stehenbleiben –
nicht sitzenbleiben – schon gar nicht. Deshalb geh!

Steh auf – dreh Dich nicht im Kreis – setz Dich in Gang –
Schritt für Schritt! Nacheinander beide Beine auf den Boden –
leicht und locker – fest und kraftvoll.

Dann wirst Du nicht eingehen – nicht aufgehen –
schon gar nicht untergehen.

Such Deinen Rhythmus – bestimme Dein Tempo –
bleib in Deiner Spur – komm über die Runden! Lauf im Takt –
geh taktvoll direkt – geh moderat.

Nicht hasten – nicht rennen – sich nicht verrennen!

Nur eines ist erlaubt – bleib auf dem Laufenden!

Du bewegst, wenn Du Dich bewegst.

Du kommst weiter, wenn Du weitergehst.

Es geht, wenn Du gehst.

Lass Dich gehen!

Wie wird es ausgehen?

Was wird kommen?

Was wird bleiben?

Wohin geht der Weg?

Gedanken eilen durch den Kopf –

Hoffnung bewegt das ins Stolpern geratene Herz.

Tanz Deinen Lebenstanz! Lauf Deinen Lebenslauf!

Geh Deinen Weg vor Gott – und werde ganz!«

JAMMERN UND JAUCHZEN

Relativ neu im Kursprogramm ist das Seminar zum Thema »Jammern und Jauchzen wie die alten Mönche«. Viele unserer Gäste tragen beides in sich, Bedrücktheit und ungelebte Lebensfreude, »die Klage und den Tanz«[18]. Nach der Hinführung zur Thematik bitten wir die Teilnehmer, sich zunächst dem Jammern und Klagen zuzuwenden. »Es tröstet so, wenn die Seele sich in dieser Weise ausdrücken darf«, ermutigt Pater Meinrad. Also schaffen wir einen Klageraum, einen Raum zum Jammern, Knören, Granzen, Seufzen, Schluchzen und Stöhnen. Alle gemeinsam, die Begleiter eingeschlossen, zwanzig Minuten Jammern am Boden in ein Kissen, geschützt von einer warmen Wolldecke, entlang dem Ausatmen. Sich vom Ausdruck leiten und führen lassen bringt in Berührung mit Bildern und Gefühlen von Trauer, Schmerz, Enttäuschung, Verletzung, Kränkung, Ohnmacht und Verzweiflung. Die Kraft der zurückgehaltenen Gefühle zulassen und spüren, den eigenen Kreuzweg und die Wunden beweinen, dem Jammer und der Klage auf dem ureigenen Weg der Nachfolge Ausdruck verleihen, all das haben die Vorfahren im Glauben für sich in Anspruch genommen. Ihre Klagepsalmen und Klagelieder haben Eingang gefunden in den Gebetsschatz der Kirche. Und die Texte sind bekannt. Aber jetzt geht es vom Kopfwissen ans eigene Herz, ins eigene Leben.

Nach der vereinbarten Klagezeit bitten wir die Teilnehmer, einen Klagetext beziehungsweise ihren Klagepsalm zu schreiben. Nach einer Pause und einem Raumwechsel treffen wir uns zum gemeinsamen Trommeln. Das Trommeln auf den zwanzig afrikanischen Buschtrommeln erfordert keine besondere Technik oder Einführung. Die Gruppe findet rasch ihren Rhythmus und wechselt ihn immer wieder zwischendurch, ebenso die Kraft und Intensität des Schalls. Dazwischen werden nach einem kurzen Verstummen der Instrumente auf freiwilliger Basis einzelne persönliche Klagetexte und Klagepsalmen vorgetragen. Und im Trommeln antwortet die Gruppe auf das Gehörte. Die Dynamik und die Kraft tragen das tief Berührende hinaus, nach Oben, ins Weite, in das Abgeben und Anvertrauen.

Einige Gäste haben mir dankenswerterweise erlaubt, ihre Texte zu veröffentlichen:

Jammern
und Klagen
fällt mir schwer.
Der Schmerz ist verborgen
versteckt
Schmerz
tut weh
ist in mir
Gefühle machen Angst
Hilfe
R. R.

Schwieriger Beginn
ungewohnte Gebärden
Stotternder Start
hineinhören ins Innere meiner Seele
Wie wird es sich anhören?
Was wird herauskommen?
Wie geht das überhaupt?
Ich lasse mich fallen
ins Unbekannte
ins Unbewusste
in die Tiefen meiner Seele
Wird es sich anhören wie bei den afrikanischen
Frauen bei der Beerdigung?
Wird es sich anfühlen wie beim Klagen
der Männer in Palästina,
wenn sie ihre toten Söhne beklagen?
Wird es sein wie beim Tod meiner Schwester?
Nicht das Eine,
noch das Andere!
Es ist anders,
anders als bei den Anderen,
anders als bei den Vielen,
 anders als bei mir.
Wie damals, als es noch ganz normal war,
als ich es noch konnte ohne es zu wollen,
als es jemanden gab, der mich auffing.
Also doch wie jetzt?
In der Geborgenheit meiner selbst,
in der Geborgenheit meiner Gruppe,
in der Geborgenheit bei Gott!
  br. m.k.

Kummer und Schmerz
Trauer, Bedrückung,
Klagen, Seufzen, Stöhnen,
Hohe und tiefe Klänge
O schauderndes Elend,
verzehrende Glut!
Gesammelte Tränen
zerflossene Wut
So schwemmt mich hinweg,
ihr traurigen Töne
und schwemmt mich hinweg
das laute Gestöhne!
Es fließe das Leid,
verschwinde das Schwere!
O Nacht, lös dich auf,
dass Tageslicht werde!
Der Sonne Glanz erblicken möcht' ich,
des Tages Klarheit ruhig Licht.
Dem Tränenfluss ein Ende setzen,
auf dass ich nicht ganz erblinde!
Des Schöpfers Pracht erfreu mich
und zeige mir den Weg zum Leben!
Der Schöpfung Macht umfasse mich
im Sterben wie im Leben.
   J. B.

Die zweite Hälfte des Seminars beschäftigt sich mit dem Jubilus. Der Gesang des Hallelujas ist die Art und Weise, wie die alten Mönche Freude, Jauchzen und Jubel ausdrücken. Wieder bedarf es einer Annäherung, die diesmal noch direkter über den Körper geht. Von einer Lockerungsübung im Stehen geht es über eine Schüttelübung in die Bewegung. Meist kommen die Töne von alleine, oder ein kleines Rollenspiel (Vogelstimmen imitieren, Tieridentifikation in Haltung, Bewegung und Laut) beziehungsweise einige Übungen aus dem Lachyoga bringen den Einzelnen und die Gruppe in Schwingung und fördern die Lust am Ausdruck und Experimentieren. Humor, Spaß, Freude, Lachen, Musik, Gesang, Tanz – zwanzig Minuten außer Rand und Band.

Und wieder wird ein Text verfasst, aber diesmal in Reimform. Beim Vortrag der kreativen Textproduktionen schweigen die Trommeln. Stattdessen hat sich in der Pause jeder mit einem alltäglichen Gegenstand ausgerüstet, dem ein Klang, eine Tonfolge oder ein Rhythmus zu entlocken ist.

In der Runde stellt jeder sein Instrument kurz vor, danach ein kleines gemeinsames Konzert. Jeder, der seinen gereimten Jubilustext vorgetragen hat, darf sich als Antwort und Dank ein spontanes Zusammenspiel der ausgewählten »Alltagsinstrumente« wünschen:

Der Reco-Kurs ist aus dem Häuschen!
O Freude, schöne Ausgelassenheit
herab die Maske der Ernsthaftigkeit!
Gewinnen können nur die ganz Verrückten,
die von Zoo und Angeberei Verzückten.
So dann, ihr Engel, hört mir zu:
Wo Gott Mensch ward, Jubel immerzu!
Ein schöns Geheimnis tut sich heute kund
wo Mensch ward Mensch in unsrer Reco-Rund
So stimmet ein in unsern Jubel
und gebt uns jetzt schon Teil am Himmelstrubel.
J. B.

Duft der Lebensfreude

Das Kichern hat was aufgeschäumt.

Das Juchzen hat mich durchgespült.

Mir ist ganz rau im Halse.

Da hatte sich was festgehakt,

was mich bei jedem Fest geplagt.

Nun ist es erstmal weggeräumt.

Die Freude hat mich mitgezerrt,

vor der ich mich wohl fast versperrt.

Wie kannst du rückwärts leben?

Die Lebensfreude ist kein Sirupsaft.

Wohl eher Duft,

der in die letzten Zipfel dringt.

Sie wird dich nicht verkleben.

A. H.

ES GIBT IMMER EINEN WEG

Stolpersteine in der Seelsorge gibt es genug. Alle die in diesem Feld unterwegs sind, kennen sie. Einige davon sind hier in den Blick gekommen. Ja, man muss die Stolpersteine anschauen und sich mit ihnen auseinandersetzen, damit man sich nicht unnötig daran verletzt oder aufreibt, damit der Weg nicht unnötig zum Kreuzweg wird. Manch ein Brocken erweist sich wie eine Wand, die man überwinden möchte, aber es fehlt die Kraft dazu. Sie umgehen, ihnen ausweichen will geübt sein, hilft aber nicht immer. Manchmal hilft nur stehen bleiben, sich umdrehen und zurückschauen, ein paar Schritte zur Seite treten und Kraft holen. Das Recollectio-Haus war und ist ein Ort, wo dies möglich ist. Männer und Frauen, die einen geistlichen Weg gehen beziehungsweise im pastoralen Feld tätig sind, sind hier willkommen: Priester, Ordensangehörige, Diakone, Pastoralassistenten und Pastoralassistentinnen, Gemeindereferentinnen und andere kirchliche Mitarbeiter und Mitarbeiterinnen, auch unsere evangelischen Brüder und Schwestern.

In den Begegnungen kommen Wegmarkierungen und Trittsteine in den Blick, die weiterführen. Wenn die Einsicht wächst, dass der Weg so nicht mehr weiterzugehen ist, stehen Entscheidungen an, nicht selten schmerzhafte Entscheidungen. Das Wagnis des Lebens ist nicht frei von Stolpersteinen und Trittsteinen. Es gibt immer einen Weg!

Anmerkungen

[1] Vgl. Friedemann Schulz von Thun, Miteinander reden. Störungen und Klärungen, Hamburg 1982, S. 58f.

[2] Vgl. Karl Frielingsdorf, Vom Überleben zum Leben, Mainz 1989, S. 115f.

[3] Vgl. K. Frielingsdorf, a. a. O., S. 111. Ergänzt durch Sprichwörter und frühe Lebensbotschaften, die bei der psychotherapeutischen Arbeit ins Wort kommen.

[4] Mk 6,34.

[5] Fritz Riemann, Grundformen der Angst, München 1982.

[6] 1 Thess 5,21.

[7] Gen 12,1.

[8] Nach den Sinus-Studien sind die kirchlichen Kerngruppen eher den Milieus der Konservativen und Traditionsbewussten zuzuordnen.

[9] Fünfzehn- bis zwanzigtausend Katholiken sind in manchen Diözesen inzwischen für einen Pfarrer selbstverständlich. Viele fragen sich: Wann ist die Schmerzgrenze erreicht?

[10] Das neuinstallierte Propädeutikum schafft hier eine Entlastung, verlängert jedoch die Ausbildungszeit erheblich.

[11] Solche Kurzberichte höre ich bei meiner Arbeit als Supervisor im pastoralen Feld in allen Variationen, in diesem Fall von einem jüngeren Pfarrer, der eine größere Seelsorgeinheit leitet.

[12] Ulrich Müller-Weißner, Chef sein im Haus des Herrn, Gütersloh 2003, S. 46, 52.

[13] Wolfgang Schmidbauer, Helfen als Beruf, Hamburg 1983.

[14] Schmidbauer, a. a. O., S. 49f.

[15] Schmidbauer, a. a. O., S. 53f.

[16] Schmidbauer, a. a. O., S. 59f.

[17] Schmidbauer, a. a. O., S. 67f.

[18] Koh 3,4.

Hoppala! Was ist denn da? –
Hoppala! Das bin ja (auch) ich!

EIN ERFAHRUNGSBERICHT VON M.P.

Ich hatte mich auf Münsterschwarzach gefreut! Voll Erwartung war ich im Jänner 2010 aufgebrochen, um mit professioneller Begleitung meinem Leben auf den Grund zu gehen.

Nach fünfundzwanzig Jahren pastoralem Dienst hatte ich vier Monate vorher mein Sabbatjahr angetreten und wollte dieses durch den Langzeitkurs in Münsterschwarzach sinnvoll nutzen. Und es wurde ein Nutzen mit Langzeitwirkung, wie sich jetzt für mich immer mehr herausstellt! Dankbar empfinde ich diese Zeit als großes Geschenk.

Meinem Leben auf den Grund gehen

Es hat mir niemand fertige Antworten auf die Fragen meines Lebens und Glaubens geliefert! Aber ich habe den Mut bekommen, mein Leben in Frage zu stellen beziehungsweise in Frage stellen zu lassen: »Sind Sie wirklich sicher, dass Ihr Leben stimmt?«

Wie sehr hatte mich doch diese Frage von Dr. Müller zuerst verunsichert und aus dem Häuschen gebracht! Und wie sehr hat sie mir geholfen, tief und klar »Ja« zu sagen zu meinem Leben, so wie es ist. Und »Nein« zu sagen zu allem, was mich davon abhält, es *wirklich zu leben*!

Es ist wichtig, dass unser Leben stimmt, das habe ich neu begriffen! Dass es zuerst und vor allem stimmig ist mit dem, was wir von unserer tiefsten Berufung her sein dürfen und sollen! P. Anselm hat mich in dem lapidar wirkenden Satz immer wieder ermutigt: »Warum fragen Sie so viel? Sie brauchen niemand an-

deren um Erlaubnis zu fragen als nur den lieben Gott allein!«
Dieser Satz hat mir in den letzten Monaten geholfen, mutig aufzubrechen und jene neuen Wege zu beschreiten, die sich wie zu-
fällig in meinem Leben angeboten haben.

Aber nicht nur grundsätzlich, sondern auch sehr konkret
durfte ich so manchen Ängsten, Konflikten, Verletzungen, unbewussten Antreibern, Ermüdungen und versteckten »Dämonen« in mir selbst auf den Grund gehen.

Im Kreativen der Seele Ausdruck verleihen

Ich habe nur so gestaunt, was meine Seele im kreativen Malen
und Gestalten an den Montagvormittagen so alles an den Tag
befördert hat! Wie sie längst verarbeitet Geglaubtes, Verdrängtes, Abgespaltenes, Verborgenes und noch Ungelebtes zum Ausdruck gebracht und oft nicht nur die Farben, sondern auch meine Tränen heilsam hat fließen lassen. »Hoppala – was ist denn
da?« Vieles war mir nicht (mehr) bewusst, vieles hat mich tief
berührt und war auf einmal greifbar. Und wenn mir mein aus
Ton geformtes »inneres Kind« heute noch fröhlich lächelnd zu-
winkt, dann freue ich mich, so klar um die frohe und starke Lebendigkeit zu wissen, die mir in der Tiefe meiner Seele geschenkt ist.

Leibhaftig glauben und leben und lieben

Die Leibübungen mit Sr. Christiane waren aufgrund der Mor-
genstunde nicht immer reizvoll, dennoch wohltuend ab dem
Augenblick, in dem der »innere Schweinehund« überwunden
war. *Leib ist Seele*, so brachte uns P. Meinrad in einzigartiger
Weise nahe, und mit ihm und Dr. Müller spürten wir den sehr
persönlichen Themen wie Intimität und Sexualität nach. Im gemeinsamen »Jauchzen und Klagen« mit P. Meinrad und Dr. Ott
äußerten wir Freude und Schmerz leibhaftig und stark im Trommeln, Klagen, Bewegen, Tönen und Dichten. Und auch wenn

das »moderate Training« mit Dr. Ott wirklich sehr moderat war, so brachte es dennoch immer wieder etwas in Bewegung. »Wenn nichts mehr geht, dann geh!« (C. G. Jung) Gerne erinnere ich mich an meine vielen langen, oft tief nächtlichen Spaziergänge bei jedem Wind und Wetter, um Gefühltes, Erlebtes, Erfahrenes und Gehörtes zu verarbeiten.

Leib ist Seele, so habe ich konkret erfahren, als sich seelischer Schmerz ganz vehement in meinem Körper auszudrücken begann. Nie zuvor ist mir so bewusst geworden, wie wichtig es ist, aufmerksam zu sein für unseren Körper, gut mit ihm umzugehen, Freude an ihm zu haben und leibhaftig zu beten, zu glauben und vor allem auch leibhaftig zu lieben – wie immer das in der gewählten Lebensform aussehen mag.

Die Gruppe als Lernfeld

Welch bedeutende Rolle die Gruppe in dem ganzen Prozess spielte, wurde mir eigentlich erst zu Hause so richtig bewusst. Wir waren achtzehn Männer und Frauen – Priester, Ordensleute und Laien –, die in diesen fast drei Monaten eng zusammenlebten. Eingeteilt zum einen in zwei therapeutische Gruppen, zum anderen in die drei Arbeitsgruppen Haus, Betriebe und Küche, sind wir einander in ganz unterschiedlicher Weise und in ganz verschiedenen Situationen begegnet.

Wir haben miteinander gearbeitet und gebetet, getanzt und gelacht, geweint und gehadert. Wir haben einander bestärkt, gehalten, getröstet und ermutigt. Wir haben Freundschaften geschlossen und einander beschenkt. Wir haben uns aneinander gerieben und sind uns auf die Nerven gegangen.

Und immer tiefer ist mir bewusst geworden, wie tief ich mich auch dabei selbst erfahren habe: »Hoppala, das bin ja auch ich!« So habe ich mir gedacht, wenn mir etwas bei den anderen auf die Nerven ging und ich erkennen musste, dass ich auch nicht besser bin. »Hoppala, das bin ja auch ich!«, so erfuhr ich es immer wieder, wenn andere ihre Probleme bearbeiteten und ich darin Anteile von mir erkennen konnte. »Hoppala, auch das bin ich!«, so wurden für mich im bewussten Aufmerken oftmals auch die eigenen Fehler oder positiven Möglichkeiten sichtbar. Ein konkreter Konflikt hat mir geholfen, ein sich wiederholendes Muster in meinem Leben aufzudecken und in dem betroffenen Bereich vorsichtiger und umsichtiger zu werden. Ich bin mir sicher, dass unser Miteinander mit allem, was es war, ein wichtiges Lernfeld und eine echte Bereicherung war.

Sein dürfen der oder die ich bin!

Berührt haben mich vor allem der Geist der Wertschätzung, Achtung und liebevollen Annahme, der im Reco-Team spürbar ist, und die tiefe Verbindung von Psychologie und Theologie und dem ganz konkreten Leben!

»Spiritualität von unten« ist wohl wirklich das, wofür Münsterschwarzach steht. Ich durfte ganz viel mitnehmen, und vieles davon ist mir zur Chance geworden, Neues zu entdecken und in eine größere Freiheit und ein tieferes Vertrauen hineinzuwachsen.

Der Freude nachgehen!

»Geh einfach der Freude nach!« So war die Antwort eines alten Missionars auf die Unsicherheit eines Teilnehmers. Auch dieser Satz ist bei mir hängengeblieben! Ich darf der eigenen Freude nachgehen und der inneren Lebendigkeit! Sie zeigen mir den Weg, wo mein Leben stimmig ist.

Diese Freude und Lebendigkeit sind für mich wieder ganz tief spürbar! Und dazu große Lust am »Abenteuer Leben«! Und viele neue Ideen! Und viel Klarheit und Entschlossenheit, auch weiterhin die selbst erfahrene Botschaft des Evangeliums im Wort und im Tun mutig und stark weiterzusagen und dafür einzutreten:

Jeder Mensch ist geliebte Schöpfung Gottes! Diese Würde ist unantastbar: Wir alle sind geliebte Töchter und Söhne Gottes! Und wir dürfen und sollen dieses absolute Geliebtsein in Anspruch nehmen! Jeden Tag neu!

Von Herzen DANKE für diese kostbare Zeit!

ANSELM GRÜN

Spiritualität und geistliche Begleitung

Viele, die den spirituellen Weg gehen, sehnen sich nach einer kompetenten geistlichen Begleitung. Auch viele, die in der Kirche als Seelsorger und Seelsorgerinnen arbeiten, spüren, dass sie nicht immer nur anderen die Botschaft Jesu verkünden können. Sie brauchen selbst einen Begleiter oder eine Begleiterin, damit ihre Predigt nicht hohl wird. Die frühen Mönche haben vor allem die jungen Mönche auf ihrem Weg begleitet, bis sie dann selbst für andere zu Begleitern wurden. Die Tradition der Kirche kennt den Beichtvater und die Beichtmutter. Und gerade das frühe Mönchtum hat eine eigene Lehre über die geistliche Begleitung entwickelt. Die Altväter unter den Mönchen haben nicht nur die jungen Mönche begleitet, sondern auch die vielen Menschen, die zu ihnen kamen, um Rat bei ihnen zu suchen. Im frühen Mönchtum war die geistliche Begleitung immer auch therapeutische Begleitung. Die Mönche fragten die Menschen, die zu ihnen kamen, immer auch nach ihren Gedanken und Gefühlen, nach ihren Leidenschaften und Trieben und nach ihrem konkreten geistlichen Tun. Sie wollten ihnen dazu helfen, gottgemäß zu leben, aber auch so zu leben, dass sie mit ihrem wahren Selbst in Berührung kamen, dass sie ihre persönliche Sendung von Gott her erkannten.

Seit neunzehn Jahren begleite ich Priester und Ordensleute, Männer und Frauen, die an Burn-out, am Ausgebranntsein, leiden oder in eine Krise geraten sind. Sie bleiben drei Monate bei uns im Recollectio-Haus, haben dort geistliche und therapeutische Begleitung und nehmen in der Gruppe an verschiedenen Angeboten wie Einführung in die Meditation, Umgang mit Sexualität und Intimität, Einführung in die Kunst des Lebens und in eine gesunde Lebenskultur teil. Aus den Erfahrungen, die ich in diesen Jahren gemacht habe, möchte ich ein paar Aspekte herausgreifen. Was ich von der Begleitung von Ordensleuten oder Priestern schreibe, gilt aber für alle Menschen, die sich auf einen spirituellen Weg machen, für alle Christen, die aus dem Geist Jesu leben möchten.

PRINZIPIEN UND ZIEL DER GEISTLICHEN BEGLEITUNG

Damit ich andere geistlich begleiten kann, muss ich selbst einen spirituellen Weg gehen. Und ich muss mein geistliches Leben auch mit anderen Menschen besprechen. Ich brauche selbst Begleitung, um andere begleiten zu können. Die frühen Mönche haben immer wieder betont, dass man andere nicht begleiten darf, wenn man nicht eine gewisse innere Erfahrung auf dem geistlichen Weg gemacht hat. Die wichtigste Voraussetzung für den geistlichen Begleiter und die geistliche Begleiterin ist, dass sie sich selbst gut kennen, dass sie in der Begegnung mit Gott der eigenen Seele mit ihren Höhen und Tiefen begegnet sind.

Die zweite Voraussetzung, die die Mönche für den geistlichen Begleiter fordern, ist die Gabe der Unterscheidung der Geister. Der geistliche Begleiter braucht ein Gespür dafür, ob das, was der andere ihm sagt, vom Heiligen Geist kommt oder – in der Sprache der Mönche – von den Dämonen. Wir würden heute eher sagen, ob die Gedanken aus dem eigenen Über-Ich oder aus kranken Lebensmustern herkommen. Die frühen Mönche warnen die geistlichen Begleiter davor, dass sie nicht andere früher heilen wollen als sich selbst.

Die dritte Voraussetzung für die geistliche Begleitung ist, dass ich den anderen mit Augen des Glaubens sehe, ohne ihn zu bewerten. Ich soll immer an den guten Kern in ihm glauben, an die Sehnsucht, dass er sich auf den Weg zu Gott machen soll. Das heißt, dass ich frei von Projektionen bin. Wer sich selbst nicht gut kennt, der sieht den anderen immer durch die Brille seiner verdrängten Bedürfnisse. So muss der geistliche Begleiter immer wieder seine Augen reinigen, damit er den anderen mit den Augen Jesu anschauen kann.

Die vierte Voraussetzung: Der geistliche Begleiter begleitet den anderen. Aber er befiehlt und bestimmt nicht. Die Mönche wissen von der Gefahr des geistlichen Missbrauchs. Manche geistlichen Begleiter sagen zu denen, die sie begleiten: »Ich weiß, was für dich der Wille Gottes ist. Mach das oder jenes, denn das ist der Wille Gottes für dich.« Das ist geistlicher Missbrauch, vor allem dann, wenn er mit einem schlechten Gewissen verbunden ist, das ich im anderen erzeuge. Ein guter geistlicher Begleiter befiehlt nicht, sondern begleitet. Er horcht genau hin, was der Wille Gottes für den Begleiteten ist. Aber er maßt sich nie an, den Willen Gottes genau zu kennen. Er sucht gemeinsam mit dem anderen nach dem, was Gott von ihm will.

Das Ziel der geistlichen Begleitung besteht darin, dass wir den Ratsuchenden zu Gott führen. Wir sollen ihm helfen, dass er immer offener wird für den Willen Gottes, dass er Gott erfährt und dass er letztlich eins wird mit Gott. Die frühen Mönche sehen in dieser Begleitung drei Schritte: Der erste Schritt besteht darin, dass wir den suchenden Menschen aus dem Land der Sünde herausführen, aus dem Land der inneren Abhängigkeiten und Zwänge, hinein in die Freiheit. Der zweite Schritt möchte den Menschen und alle seine Lebensmuster auf Gott hin öffnen. Er soll in Gott das Ziel seines Weges erkennen. Der dritte Schritt ist für die Mönche dann die Kontemplation, das Einswerden mit Gott, die Fähigkeit, von sich selbst frei zu werden und in Gott das Ziel des eigenen Lebens und der eigenen Sehnsucht zu erfahren und in Gott sich selbst zu vergessen.

BEZIEHUNG ZUR THERAPEUTISCHEN BEGLEITUNG

Heute gehen viele Christen lieber zum Therapeuten als zum geistlichen Begleiter. Sie trauen dem Therapeuten mehr Hilfe zu. Das ist eine Herausforderung für die Seelsorger und Seelsorgerinnen, die geistliche Begleitung so zu gestalten, dass die Menschen Hilfe bei ihnen für ihr Leben erfahren. Die geistliche Begleitung – so wie die Mönche sie verstanden haben – hat auch eine heilende Dimension. Sie will uns herausführen aus krankmachenden Lebensmustern. Sie will uns zu Gott führen, in dem wir die Heilung unserer Wunden erfahren dürfen. Die frühen Mönche waren als spirituelle Begleiter zugleich die Therapeuten ihrer Zeit. Bei ihnen haben die Menschen Hilfe auch in ihren Krankheiten und in ihren inneren Nöten gesucht.

Die Themen, die in der geistlichen wie in der therapeutischen Begleitung angesprochen werden, sind oft die gleichen. Doch die Art und Weise, wie ich mit den Problemen umgehe, unterscheidet sich. Der geistliche Umgang mit meinen neurotischen Mustern ist anders als der therapeutische Umgang. Es geht immer darum, dass ich meine Wirklichkeit, so wie sie ist, in die Beziehung mit Gott bringe.

Sowohl in der geistlichen als auch in der therapeutischen Begleitung bringen die Menschen ihre Verletzungen aus der Kindheit mit, die traumatischen Erfahrungen ihrer Lebensgeschichte und ihre momentanen Probleme, die ihnen zu schaffen machen. Die Frage ist, wie diese Verletzungen meine Beziehung zu Gott beeinflusst haben. So lasse ich mir in der geistlichen Begleitung immer die eigene Lebensgeschichte erzählen, vor allem im Hinblick auf die Gefühle, die die Menschen als Kinder mit Gott und Gottesdiensten verbunden haben. Ich frage nach der Religiosität der Eltern und nach der religiösen Atmosphäre im Elternhaus. Haben sich die Kinder beim Gebet und Gottesdienst wohl gefühlt? Was haben sie dabei gespürt? War es die Atmosphäre von Heimat und Geborgenheit oder aber von Strenge? Welche Gottesbilder wurden unbewusst vermittelt? Wie waren die Gottesbilder der Eltern? Wie war die emotionale Beziehung zu den Eltern? All das beeinflusst das geistliche Leben und die psychische Gesundheit.

Es gibt Gäste im Recollectio-Haus, die vor allem geistliche Begleitung möchten. Sie möchten ihre Spiritualität vertiefen. Die Therapie nehmen sie zwar wahr, aber eigentlich möchten sie auf der spirituellen Ebene bleiben. Doch gerade ihnen tut die therapeutische Begleitung gut. Sie sind in Gefahr, ihre Verletzungen spirituell zu überspringen und zu schnelle geistliche Lösungen in Angriff zu nehmen. Andere Gäste legen den Akzent auf die therapeutische Begleitung. Sie möchten ihre Wunden aufarbeiten. Bei ihnen ist es wichtig, nach der geistlichen Dimension ihres Lebens zu fragen. Was hat ihre Lebensgeschichte oder ihre momentane Situation mit ihrer Beziehung zu Gott zu tun? Wie leben sie konkret? Haben sie eine gesunde geistliche Lebenskultur oder sind sie in Schwierigkeiten geraten, weil sie ihr spirituelles Fundament verloren haben? Sind sie nur noch religiöse Funktionäre, die in einen inneren Zwiespalt geraten sind, weil sie ihre spirituelle Spur verloren haben?

Was in der Therapie angeschaut wird, das muss auch in der geistlichen Begleitung ernst genommen werden. Der spirituelle Umgang mit den neurotischen Mustern, mit den Verletzungen und Defiziten sieht zwar anders aus. Aber auf keinen Fall dürfen die Gäste ihre Wunden und Verdrängungen verharmlosen und meinen, sie bräuchten nur zu beten, dann würde sich schon wieder alles ordnen. Wenn einer so denkt, dann hat die geistliche Begleitung die Aufgabe, ihn die Demut, die humilitas, zu lehren. Die Demut besteht darin, den Mut aufzubringen, in die Tiefe der eigenen Menschlichkeit hinabzusteigen und alles, was in der menschlichen Seele auftaucht, auch anzuschauen, die Sehnsüchte, die Bedürfnisse, die Aggressionen, die Sexualität und die unter der Oberfläche liegende Trauer und Verzweiflung. Nur wenn wir alles, was in uns ist, wirklich wahrnehmen, können wir es im Gebet Gott hinhalten. Und nur dann wird der geistliche Weg ein Fundament haben, auf dem er ansetzen kann. Manche spirituellen Methoden hängen in der Luft, weil sie die eigene Lebensgeschichte nicht ernst nehmen.

DAS LEBEN FÜHRT ZU GOTT

Nicht das Material, das behandelt wird, sondern die Art und Weise, wie wir mit dem Material unserer Lebensgeschichte umgehen, entscheidet über die geistliche Begleitung. Der Grundsatz der geistlichen Begleitung besteht darin, dass wir alles, was der andere uns anbietet, als Weg zu Gott verstehen. Alles, was uns Probleme macht, möchte uns letztlich zu Gott führen. Wenn sich in uns neurotische Muster zu Wort melden, dann ist das immer auch eine Chance, seine Einstellung zum Leben und zu Gott zu überdenken. Es geht nicht sofort darum, die neurotischen Symptome loszuwerden, sondern mit ihnen ins Gespräch zu kommen, damit sie mich mit allem, was ich bin, auf Gott verweisen. Das möchte ich an einigen Beispielen erläutern.

Da leidet jemand unter Schlaflosigkeit. Dann frage ich als geistlicher Begleiter natürlich nach den Umständen, nach dem medizinischen Befund, nach den psychischen Ursachen, nach der Art und Weise, wie er mit dieser Schlaflosigkeit umgeht. Da zeigt sich, dass die Ursache ein Grübelzwang ist. Der Mann möchte alles kontrollieren, alles im Griff haben. Er hat Angst, loszulassen. Sein Kontrollzwang kommt aus seiner familiären Situation. Als zweiter Sohn zwischen zwei Brüdern steht er ständig unter Druck, sich beweisen zu müssen, ja keinen Fehler machen zu dürfen. Und seine überstrenge Erziehung führt dazu, dass er ängstlich auf seine Sünden starrt. Er grübelt nach, ob er auch alles richtig macht. Aber gerade so gerät er immer tiefer in eine Überforderung hinein, die ihn ungerecht werden lässt gegenüber seinen Mitarbeitern. In der geistlichen Begleitung geht es nun nicht darum, die Schlaflosigkeit unbedingt loszuwerden, also verhaltenstherapeutisch zu bearbeiten oder Entspannungstechniken zu lernen, damit er endlich wieder schlafen kann. Die Frage ist vielmehr, was die Schlaflosigkeit für einen Sinn hat. Der Mann kann durchaus einschlafen. Aber er wacht schon nach drei Stunden wieder auf. Dann liegt er grübelnd im Bett. Statt gegen seine Schlaflosigkeit zu kämpfen, könnte er in ihr einen Anruf Gottes sehen und darauf wie Samuel antworten: »Rede Herr, dein Diener hört.« Vielleicht kam er tagsüber nicht dazu, über den Sinn seines Lebens nachzudenken. Vielleicht lebt er an sich vorbei. Und in der Nacht möchte Gott zu ihm sprechen und ihn auf seine Wahrheit hinweisen. Ein anderer Weg wäre, die Schlaflosigkeit zu nutzen, die Hände über der Brust zu kreuzen und sich betend in Gottes Arme fallen zu lassen. Dann ist es nicht mehr wichtig, ob er schlafen kann oder nicht. Er kann dann gerade die wachen Stunden zu tiefen spirituellen Erfahrungen nutzen. Wenn er sich die Schlaflosigkeit erlaubt und sie als Chance des geistlichen Wachsens sieht, wird er sie oft schneller los, als wenn er sie frontal bekämpft.

Viele Christen benutzen Gott dazu, ihnen dabei zu helfen, ihre Probleme zu lösen. Sie bitten Gott, sie von ihrer Schlaflosigkeit zu befreien. Doch dann geht es ihnen nicht um Gott, sondern um ihren Schlaf und ihre Gesundheit. Sie ziehen Gott zu sich hinunter. Geistlich ist das nicht. Wir sollen Gott nicht für uns benutzen, sondern das, was uns das Leben anbietet, als Weg zu Gott verstehen. Da ist ein christlicher Prediger, der immer wieder unter depressiven Verstimmungen leidet. Er ist enttäuscht, dass Gott ihn trotz seiner vielen Gebete nicht davon befreit. Er meint, er müsse als Seelsorger doch die Frohe Botschaft verkünden. Aber er fühlt sich abgeschnitten von seinen Gefühlen. Alles ist grau. In seinen Depressionen kommt ihm Gott abhanden. Natürlich ist es auch da sinnvoll, nach den psychischen Ursachen zu fragen. Als Kind musste er seine Gefühle abschneiden, weil er ständig von seiner überstrengen Mutter zu hören bekam, dass Gefühle zur Sünde führten. Die depressiven Verstimmungen erinnern ihn immer wieder an dieses allzu strenge Gottesbild. Sie sind Anlass, sich von diesem krankmachenden Gottesbild zu befreien. Die Depressionen zeigen ihm, dass er nicht einfach funktionieren kann, wenn er die Zähne zusammenbeißt und sich nur vom Willen leiten lässt. Er muss auch seine Gefühle berücksichtigen, um gesund zu leben. Und nur wenn er mit seinen Gefühlen in Berührung kommt, wird er auch mit Gott wieder in Kontakt kommen.

Immer wieder begleite ich Priester, die nicht mehr zelebrieren können, weil sie Angst haben, am Altar könnte ihnen schwindlig werden. Auch da ist wichtig, über den Schwindel mit Gott zu reden. Oft ist der Schwindel dadurch begründet, dass man ein zu hohes Idealbild als Priester hat, das aber mit der Realität nicht übereinstimmt. Die Distanz zwischen Idealbild und Realbild ist so groß, dass einem davon schwindlig wird. Auch hier wäre die Demut zu lernen, sich mit seiner Schwäche und Menschlichkeit auszusöhnen. Ich habe einen weiteren Priester begleitet, der nicht mehr zelebrieren konnte: Er ging mit dem inneren Bild an den Altar, dass er am Pranger steht, dass alle ihn beobachten, welche Fehler er mache. Mit so einem Selbstbild kann man nicht zelebrieren. Da braucht es das spirituelle Selbstbild des Priesters, der durchlässig ist für Gott. Es geht nicht darum, wie er bei den Menschen ankommt, sondern dass er im Dienst Gottes steht und Jesu Botschaft verkündet. Wenn er nicht um sich und sein Image kreist, sondern um seine Aufgabe und um seinen Dienst, dann vermag er vor die Menschen hinzutreten und das zu verkünden, was ihm am Herzen liegt.

Viele Christen klagen in der geistlichen Begleitung, dass sie Gott nicht spüren. Sie beten und meditieren, aber Gott bleibt ihnen ferne. Diese Erfahrung der Gefühllosigkeit könnte für sie ein wichtiger Ansporn werden, in die eigene Seele zu blicken. Ich versuche diesen Menschen nie eine geeignete Meditationsmethode beizubringen, sondern ich frage immer: »Spüren Sie sich denn selbst? Sind Sie in Berührung mit sich selbst, mit allen Aspekten Ihres Leibes und Ihrer Seele?« Denn ich bin überzeugt: Wer sich selbst nicht spürt, der kann auch Gott nicht spüren.

Oft haben Menschen ihre unangenehmen Seiten verdrängt. Sie wollen sie weder vor sich selbst noch vor Gott zulassen. Aber all das Verdrängte fehlt ihnen an der eigenen Lebendigkeit. Und es fehlt ihnen an ihrer Beziehung zu Gott. Was sie aus der Beziehung zu Gott ausklammern, hindert sie, Gott mit ihrer ganzen Seele wahrzunehmen. Daher zwingt sie die Not ihres Betens, dass sie sich der eigenen Seele zuwenden und sich fragen, was sie alles vor ihrem inneren Richter verborgen haben.

Da war eine junge Frau, die früher gerne gebetet hat. Aber jetzt ist das Gebet für sie leer geworden. Sie spürt nichts mehr von Gott. Im Gespräch wurde ihr klar, dass sie immer dann, wenn sie beten wollte, ihre eigentlichen Probleme ausklammerte. Sie wollte vor Gott als die fromme und spirituelle Frau erscheinen. Aber ihre Zweifel, ihre Aggressionen, dass ihr Leben im Äußeren nicht gelang, ihre Enttäuschung wollte sie nicht vor Gott tragen. Nur wenn sie alles, was in ihr ist, Gott hinhält, vermag sie Gott auch wieder zu erfahren. Wenn ich nur die Hälfte meines Menschseins Gott hinhalte, kann nichts strömen zwischen Gott und mir.

Häufig taucht das Thema der Depression in der geistlichen Begleitung auf. Die Depression hat natürlich viele Ursachen. Es gibt organische Ursachen, oder aber es gibt die Erschöpfungsreaktion oder die Depression als Hilfeschrei der Seele gegen übertriebene Ansprüche an uns selbst.

Der geistliche Begleiter braucht natürlich auch ein psychologisches Wissen über die Depression. Aber er geht nicht psychologisch damit um. Er lädt den Begleiteten vielmehr ein, mit Gott über die Depression zu sprechen. Was möchte sie mir sagen? Weist sie mich darauf hin, dass ich meinen Perfektionismus aufgeben soll? Oder zeigt sie mir, dass ich in aller Demut mein Maß bei der Arbeit akzeptieren muss?

Die Aufgabe der geistlichen Begleiterin ist es, die begleitete Frau anzuleiten, sich mit ihrer Depression auszusöhnen. Wenn ich mich mit meiner depressiven Veranlagung aussöhne, dann kann sie zu einem wichtigen Wegbegleiter zu Gott werden. In der Depression spüre ich meine Ohnmacht, mein Leben selbst in den Griff zu bekommen. Ich bin den Depressionen ausgeliefert. Sie werden immer wiederkommen. Sie kränken mein narzisstisches Selbstbild. Aber gerade so befreien sie mich von der Illusion, ich könnte mein Leben selbst in die Hand nehmen und alles tun, was ich wollte. Dann könnte die Depression zu einer Einladung werden, mich in meiner Ohnmacht Gott hinzuhalten und mich in Gott hinein zu ergeben. Vielleicht erfahre ich dann in meiner Depression eine neue Tiefe meiner Seele. Ich spüre, welche Abgründe das Menschsein hat und welche Dunkelheiten auch in Gott sind. Ich erlebe mich und Gott auf andere Weise. Auch die Depression hat einen Sinn. Sie kann mich zu Gott führen.

Für mich besteht die wichtigste Methode der geistlichen Begleitung darin, den Sinn all dessen zu erkennen, was mir zu schaffen macht, und gerade darin einen Weg zu Gott zu erkennen. Ich verzichte dann darauf, frontal gegen meine Angst, gegen meine Depression, gegen meine Schlaflosigkeit, gegen meine Empfindlichkeit, gegen meine Eifersucht, gegen meine Sexualität anzugehen. Denn je mehr ich frontal gegen eine Haltung kämpfe, desto stärker wird die Gegenkraft, die diese Haltung in mir entwickelt.

Ich muss mich mit dem aussöhnen, was in mir ist. Und ich muss die Chance entdecken, die darin liegt. All diese Haltungen, an denen ich leide, rauben mir die Illusionen, die ich mir über mich gemacht habe. Sie zerbrechen das Ego, um mich aufzubrechen für den ganz anderen Gott und für das ganz andere Selbstbild, das meinem wahren Wesen entspricht, das frei ist von den grandiosen narzisstischen Bildern, die ich mir von mir gemacht habe.

Manche Christen beschweren sich in der geistlichen Begleitung, dass bisher alles Beten nicht geholfen hat, von ihrer Angst frei zu werden. Sie bitten Gott, dass er ihnen die Angst nehmen möge, ohne dass sie sich ihr stellen. In der Bibel geschieht die Heilung immer in der Begegnung. Die Kranken werden gesund, indem sie ihre ganze Wahrheit Jesus hinhalten. Jesus berührt sie gerade dort, wo sie krank sind. So geht es auch darum, unsere Angst Jesus hinzuhalten und mit ihm darüber zu sprechen, was mir die Angst sagen möchte. Die Angst weist mich oft darauf hin, dass ich falsche Grundannahmen für mein Leben habe. Ich habe zum Beispiel Angst, einen Fehler zu machen. Die Grundannahme lautet: »Wenn ich einen Fehler mache, bin ich nichts wert.« Die Angst lädt mich ein, mich von dieser Grundannahme zu verabschieden. Und die Angst zeigt mir meine tiefsten Bedürfnisse. Ich möchte, dass alle Menschen mich lieben. Indem ich mir dieses Bedürfnis eingestehe, merke ich, dass es unrealistisch ist. Die Angst lässt mich erkennen, dass ich mich von den Menschen her definiere. Doch nur wenn ich mich von Gott her definiere, kann die Angst schwinden. So führt mich letztlich meine Angst zu Gott, dass ich in Gott meinen Grund finde und nicht in der Anerkennung der Menschen.

DIE SPUR DER EIGENEN LEBENDIGKEIT ENTDECKEN

Ich erlebe fromme Christen, die geistliches Leben vor allem als Erfüllung religiöser Pflichten sehen. Wenn sie jeden Tag ihre Gebete beten, wenn sie täglich meditieren und den Rosenkranz beten, dann – so glauben sie – leben sie gottgemäß. All diese religiösen Rituale haben natürlich ihren Wert. Sie helfen mir, dass ich menschlich und spirituell nicht verschlampe. Sie öffnen mein Leben auch im Alltag für Gott. Aber wenn ich zu sehr auf die religiösen Leistungen fixiert bin, dann werden sie mich nicht zu Gott führen, sondern nur zu mir selbst. Ich erfülle die spirituellen Pflichten nicht, um Gott zu finden, sondern um vor mir und vor den anderen und letztlich auch vor Gott gut dazustehen. Es geht mir also um mich selbst und nicht um Gott.

Für viele ist das ein Weg, sich gegenüber Gott abzusichern. Sie suchen ihre Sicherheit und ihren Wert, aber nicht Gott. Das führt dann oft dazu, dass sie mit ihrem geistlichen Weg nicht lebendiger werden, sondern erstarren. Das spürt man, wenn man ihren Rücken anfühlt. Er ist hart wie ein Brett geworden. Sie haben ihren Rücken als Müllhalde für alle ihre verdrängten Gefühle und Bedürfnisse benutzt. Sie sind mit ihren religiösen Pflichten dem Leben ausgewichen. Sie haben sich eine spirituelle Ideologie gebastelt, um dem Leben auszuweichen, vor dem sie Angst haben.

Für uns geistliche Begleiter besteht das Ziel des geistlichen Lebens darin, die eigene Lebendigkeit zu entdecken. Rituale können mich lebendiger machen, wenn ich sie aus innerer Freiheit heraus vollziehe. Sie können in mir die Lust am Leben wecken, wenn ich sie bewusst vollziehe, weil mein Leben es wert ist, durch Rituale gefeiert zu werden. Aber wenn es mir mehr um die Erfüllung als um das Leben geht, dann werden mich die Rituale erstarren lassen.

Ich frage bei der geistlichen Begleitung immer nach den Situationen, in denen der Gesprächspartner aufblüht, in denen er sich lebendig fühlt, in denen er sich vergessen kann. Wonach sehnt sich der oder die Begleitete? Wo wird ihm oder ihr das Herz weit? Wo beginnt das Leben in ihr oder in ihm zu pulsieren? Wo fühlen sie sich ganz eins, wo gehen sie auf, und wo können sie sich einlassen, ohne sich zu fragen, was es bringt? Für den einen ist das die Musik. Er kann in ein Konzert gehen und sich einfach der Musik überlassen. Dann geht für ihn der Himmel auf, und das Herz wird lebendig. Der andere spürt das Leben, wenn er zu malen beginnt. Im Malen kommen Bereiche seiner Seele zum Schwingen, die er im Alltag übersieht. Eine andere fühlt sich eins mit sich, wenn sie durch die Natur geht, wenn sie ganz in ihren Sinnen ist, wenn sie mit ihrer Haut die Wärme der Sonne spürt oder den sie streichelnden Wind, wenn sie ganz Ohr ist und auf das Rauschen des Windes oder das Zwitschern der Vögel lauscht, wenn sie den Duft der Wälder oder der Felder einatmet und das Herz dabei weit wird.

Das wären die Orte, an denen die begleiteten Menschen ihre geistlichen Erfahrungen machen. Ich lade sie dann bewusst dazu ein, sich die Zeit zu gönnen, Musik zu hören, zu malen oder durch die Natur zu gehen und ganz in der Wahrnehmung zu sein. Das sind dann wichtigere geistliche Erfahrungen, als wenn sie streng meditieren. Doch auch die Meditation kann für einen zum Ort der Lebendigkeit werden.

Eine Frau, die sich ständig überfordert fühlte, stellte sich vor, wie sie in der Meditation von Gottes liebender Gegenwart eingehüllt war. Es war das Bild der Höhle, des göttlichen Mutterschoßes, in dem sie sich geborgen fühlte. Sie stellte sich vor, dass sie dort nichts leisten müsse. Dort will keiner etwas von ihr, niemand stellt eine Forderung. Dort kam sie mit der inneren Quelle in Berührung. Da wurde sie wieder lebendig.

Ein Weg, die eigene Lebendigkeit zu entdecken, ist der Rückblick auf die Kindheit. So stelle ich oft die Frage: »Wo konntest Du Dich als Kind vergessen? Wo warst Du ganz eins mit Dir? Was hast Du am liebsten gespielt? An welche Orte hast Du Dich gerne zurückgezogen, um ganz allein mit Dir zu sein?« Indem der Einzelne seine Kindheit nach solchen Erlebnissen befragt, kommt er in Berührung mit seiner eigenen Lebendigkeit.

Dort hat er oder sie als Kind instinktiv gespürt, was ihm oder ihr guttut. Und jeder hat andere Vorlieben entwickelt, als Kind Leben zu spüren. Dieser Weg war damals noch nicht von anderen beeinflusst. Es war das spontane Spüren aus dem eigenen Herzen. Wenn wir mit diesen Erfahrungen wieder in Berührung kommen, können wir uns fragen: Wie kann ich das heute übersetzen in meinen Alltag? Was täte mir heute gut? Wo würde ich heute aufblühen? Wenn ich als Kind am liebsten in der Natur war, kann ich mich fragen, was mich da so fasziniert hat. War es die Geborgenheit, die die Natur schenkt, der mütterliche Aspekt Gottes, der in der Natur zum Ausdruck kommt? Oder war es die Vielfalt des Lebens, das Blühende, das Schöne, das Lebendige? Wo komme ich heute in Berührung mit dem Bergenden, mit dem Lebendigen, mit dem Schönen?

DIE HEILENDE KRAFT BIBLISCHER TEXTE

Ein wesentlicher Weg der geistlichen Begleitung besteht in der persönlichen Meditation biblischer Texte. Wenn ich in Einzelexerzitien einen Mann oder eine Frau begleite, gebe ich dem Exerzitanten täglich einen Text aus der Bibel mit auf den Weg. Ich versuche, die Texte auf dem Hintergrund des Gespräches auszusuchen. Was täte dem Exerzitanten gut? Wo kommt sein Thema vor? Welcher Text könnte ihn weiterführen, welcher ihn herausfordern? Dann soll der Gast mit dem Text umgehen und ihn meditieren. Er soll schauen, was der Text mit ihm macht, was er in ihm auslöst und worauf er ihn stößt. Über die Erfahrungen mit dem Text kann er dann das nächste Mal berichten. Es geht nicht darum, den Text theologisch oder tiefenpsychologisch gut auszulegen, sondern Erfahrungen mit dem Text zu machen.

Ich habe die Erfahrung gemacht, dass so ein Text oft eine heilende Wirkung auf den Gast ausübt. Er spricht Bereiche in seiner Seele an, die ich im direkten Gespräch nur schwer erreichen kann. Heute hat man wieder neu die heilende Funktion von Texten entdeckt. Man spricht seit achtzig Jahren von Bibliotherapie, von der Therapie durch Lesen. Franz Kafka hat einmal die therapeutische Wirkung eines Buches so ausgedrückt: »Ein Buch ist die Axt für das gefrorene Meer in uns.« Der biblische Text kann uns mit Gefühlen in Berührung bringen, die wir verdrängt haben, die wir nicht mehr spüren, weil sie unter der Eisdecke der inneren Erstarrung liegen. Da brauchen wir einen Text, der Löcher in die Eisdecke stößt, damit die Gefühle wieder auftauen und auftauchen.

Schon im alten Ägypten kannte man die Heilkraft der Bücher. »Die Pharaonen schrieben über ihre Bibliothek: Psyches Iatreion, Heilstätte der Seele.« In vielen Klosterbibliotheken finden wir diese Aufschrift wieder, so etwa in St. Gallen. In unserer Zeit war es Benjamin Rush, der 1802 in den USA damit begann, die Hospitäler durch Bibliotheken zu reformieren und in ihnen eine Art Bibliotherapie zu etablieren. Für ihn war das Lesen von Texten ein wichtiges Hilfsmittel der Psychotherapie. »In der Bibel sah er die Apotheke, die für jeden seelisch Kranken eine wichtige Arznei enthält.« Ein guter Therapeut, so meint Rush, wählt den richtigen Text für den Patienten aus und bespricht dann mit ihm die Erfahrungen, die er damit macht.

Das Lesen kann die Selbstheilungskräfte im Menschen fördern und stecken gebliebene Reifungsprozesse wieder in Gang bringen. Vor allem die Logotherapie Viktor Frankls setzt Bücher therapeutisch ein. »Das rechte Buch zur rechten Zeit hat viele Menschen vor dem Selbstmord bewahrt«, meint Viktor Frankl. »In diesem Sinne leistet das Buch echte Lebenshilfe – und Sterbehilfe.«

Die Bibel ist Heilige Schrift. Sie hat teil an der Qualität des Heiligen. Das Heilige drückt sich aus als Macht, als das Reine und als das Heilende und Ganzmachende. In den heiligen Texten der Bibel steckt eine eigene Kraft, die anderen Texten nicht in demselben Maß innewohnt. Wenn ich daher einen biblischen Text zur Meditation aufgebe, vertraue ich auf die heilende Macht, die davon ausgeht. Allerdings braucht es auch den richtigen Zugang zum Text. Es geht nicht darum, nur sein Wissen zu vermehren, nur theologische Zusammenhänge zu entdecken, sondern sich selbst im Text wiederzufinden. Es geht um Horizontverschmelzung, wie der deutsche Philosoph Hans-Georg Gadamer schreibt. Einen Text verstehen heißt, sich selbst besser verstehen, sich selbst mit neuen Augen sehen. Wenn ich den Text meditiere, dann löst er in mir Emotionen aus, Abwehr, Zustimmung, Trauer, Angst, Vertrauen und Hoffnung.

Ich lade die Gäste ein, frei mit den Texten umzugehen, sich selbst darin zu entdecken und den Text mit der eigenen Situation ins Gespräch zu bringen. Die biblischen Texte sind offen dafür, dass wir unsere eigene Lebensgeschichte darin finden. Und wir sollen sie anreichern mit unseren eigenen Erfahrungen. Dann können wir das selbst Erlebte im Licht des Textes neu verstehen. Wer sich selbst versteht, ist schon einen Schritt weiter auf dem Weg der Heilung.

Wenn wir einen Bibeltext meditieren, geht es nicht nur um Auslegung, sondern letztlich um Begegnung mit Gott beziehungsweise in den Evangelientexten um die Begegnung mit Jesus Christus. Gerade in den Heilungsgeschichten tritt uns Jesus selbst entgegen.

Dieser Jesus hat nicht nur vor zweitausend Jahren geheilt. Er ist jetzt als der Erhöhte lebendig. Er begegnet mir im Gebet, in der Stille, in der Eucharistie. Wenn ich ihm meine Wunden hinhalte, dann kann er sie berühren und die heilende Kraft Gottes in sie einströmen lassen. Ich muss meine Wunden nicht selbst abarbeiten. Ich darf Heilung empfangen. Aber ich darf meine Wunden nicht überspringen. Ich soll sie angesichts der Heilungsgeschichte und vor den Augen Jesu anschauen und Jesus hinhalten, damit er sie genauso heilt wie damals.

Die Heilung des Gelähmten (Mk 2,1–12) lädt mich zum Beispiel ein, meine Angst Jesus hinzuhalten und seinem Wort zu trauen: »Steh auf, nimm dein Bett und geh!« Wir alle würden gerne aufstehen, wenn wir wüssten, dass wir ab heute selbstsicher sind und ohne Hemmungen. Doch Jesus lädt uns ein, das Bett als Zeichen unserer Unsicherheit und unserer inneren Blockaden und Hemmungen unter den Arm zu nehmen. Ich darf weiterhin schwitzen oder stottern oder zittern. Mit meinen Hemmungen wage ich es, aufzustehen und meinen Weg zu gehen.

Nicht jeder biblische Text bewirkt Wunder. Manchmal liest der Gast den Text nur durch und kann nicht viel damit anfangen. Aber auch dann ist es gut, über diese Erfahrung der Nicht-Erfahrung zu sprechen. Warum bleibt der Text blass? Geht er an dem Problem, das den Gast momentan am meisten bedrängt, vorbei? Oder will der Gast sich dem Text nicht stellen, weil er manches in sich noch nicht anzuschauen bereit ist? Oft genug durfte ich die Erfahrung machen, dass biblische Texte im Gast etwas in Bewegung brachten, sodass Verkrustungen aufgebrochen wurden und ein Umdenken begann. Und manche Gäste erfahren im Gebet die Nähe des heilenden Christus und können nach so einer intensiven Gebetszeit anders mit ihren Verletzungen umgehen.

Manche Gäste erzählen, dass sie kaum zum Lesen kommen. Außer Zeitungen und Zeitschriften haben sie kaum etwas gelesen. Ihnen tut es gut, einmal einen guten Roman zu lesen. Dort können sie sich selbst wiederfinden und ihre Situation von einer anderen Seite aus betrachten. Die Bibel kann nur richtig lesen, wer auch sonst belesen ist. Denn sonst wird die Bibel für ihn nur ein frommer, aber letztlich unzugänglicher Text bleiben, den man pflichtgemäß meditieren muss, der aber das Herz nicht erreicht.

Das Lesen guter Literatur bereichert auch unser Bibellesen. Ich frage daher immer auch danach, was die Gäste in den letzten

Jahren gelesen haben. Wer liest, erfährt Lebendigkeit. Viele sind zu bequem geworden, Bücher zu lesen. Bücher regen zu inneren Bildern an, während das Fernsehen uns mit Bildern berieselt. Manche müssen erst wieder eine neue Lesekultur entwickeln. Für sie wäre der allzu schnelle Griff zur Bibel nicht ratsam, vor allem dann, wenn sie Bibellesen als religiöse Pflicht verstehen. Das Herz muss erst durch viel Lesen aufgebrochen werden, damit der Samen der Heiligen Schrift in es einfallen und seine heilende Kraft in ihm entfalten kann.

SICH DER EIGENEN WAHRHEIT STELLEN

Ich habe in diesen Gedanken keine Systematik geistlicher Begleitung entfaltet, sondern nur einige Aspekte beschrieben, die mir wichtig sind. Der geistliche Begleiter braucht einen guten Blick dafür, wo geistliches Leben eine Flucht vor der eigenen Lebendigkeit ist oder wo sie den Geschmack am Leben vertieft. Oft genug erleben wir, dass die Spiritualität zu einer Ideologie verkommen ist, mit der man seine Verklemmung und seine Lebensverweigerung rechtfertigt und überhöht. Man fühlt sich dann als etwas Besonderes.

Besonders gefährlich ist es, wenn jemand sein Leiden ideologisch verklärt und sich für auserwählt hält, anstatt sich in Demut seinem Leiden zu stellen. Vielleicht würde er dann entdecken, dass sein Leiden Ausdruck einer Neurose ist. Für C. G. Jung ist Neurose immer ein Ersatzleiden, das wir uns aussuchen, um dem Leiden zu entgehen, das mit unserer menschlichen Existenz in seiner Durchschnittlichkeit und Gegensätzlichkeit notwendig verbunden ist. Geistliche Begleitung besteht darin, die Ideologie zu entlarven und zum Glauben Jesu vorzustoßen, zu einem Glauben, der zum Leben führt.

Eine Ärztin, die immer wieder krank wurde, weigerte sich, ihre ständigen Krankheiten als einen Impuls Gottes zu sehen, ihre Einstellung zur Arbeit zu überprüfen. Sie rechtfertigte ihr Verhalten mit dem Satz: »Jesus hat ja auch immer geholfen.« Doch Jesus will sicher nicht, dass wir uns im Helfen immer so überfordern, dass wir ständig krank werden. Die Frau erkannte erst nach schmerzlichen Gesprächen, dass sie mit diesen frommen Worten nur ihr Gefühl als Kind zudecken wollte: »Es gibt für mich keinen Platz auf der Welt.« Um diesem Gefühl zu entgehen, hat sie sich verausgabt und ihre Maßlosigkeit in der Arbeit religiös überhöht. Geistliche Begleitung soll in die Demut führen, sein Verhalten vor Gott zu überprüfen und sich von Jesus in Frage stellen zu lassen.

Nur wer sich der eigenen Wahrheit stellt, kann sich auf einen spirituellen Weg machen. Wer einen Teil seiner Psyche und seines Leibes vor sich selbst und vor Gott zurückhält, der wird auf seinem Weg nicht vorankommen. Wer mit sich selbst nicht in Berührung ist, der wird auch mit Gott nicht in Berührung kommen. Wenn viele religiöse Menschen darüber klagen, dass ihnen Gott ferne gerückt sei, so hat das immer die Ursache darin, dass sie sich selbst gegenüber entfremdet haben. Sie haben zu viel von ihrer Seele ausgeschlossen. Sie halten Gott nur den hellen Teil ihrer Seele hin. Der dunkle Teil, der von ihrer Beziehung zu Gott ausgeschlossen ist, lähmt sie und hindert sie daran, sich selbst und Gott zu spüren. Die geistliche Begleitung ist eine Hilfe, die Verdrängungen aufzugeben und die ganze Wahrheit Gott hinzuhalten. Nur dann kann das Leben wieder aufblühen und die Menschen wieder Lust an ihrem spirituellen Weg empfinden.

... Zeit, was für sich zu tun!

EIN ERFAHRUNGSBERICHT

»Wenn du im Trüben fischst, und es tropft in dein Gemüt,
wenn alle Geheimnisse verraten sind und du dich verloren fühlst ...«
(Herbert Grönemeyer, aus: »Ich dreh mich um dich«)

Bei Minustemperaturen und Schnee stapfe ich im Januar zu meinem Auto und denke: »Bitte, lass jetzt nicht die Batterie verreckt sein.« Das Auto springt an – »verreckt« ist (schon längst) meine eigene Batterie. Zwölf Wochen Auszeit, die Aussicht darauf hatte mich in den letzten Wochen aufrechtgehalten. Nun trete ich die Reise an mit dem Gedanken »Ich habe ja nichts zu verlieren ...« (... *typischer Fall von: falsch gedacht!*)

Im Recollectio-Haus angekommen, begegne ich den anderen Kursteilnehmern und Kursteilnehmerinnen zunächst im Treppenhaus, denn wir alle haben reichlich Gepäck und – auch das stellt sich bald heraus – jede/jeder auch »Ballast« mitgebracht.

In den ersten Tagen heißt es: Kennenlernen – KursteilnehmerInnen, Team, Programm, Haus, Abteigelände und Umgebung. Gesprächsgruppen sind eingeteilt, Dienste werden verteilt. Und ganz allmählich fange ich an zu begreifen: Ich habe jetzt zwölf Wochen Zeit, mich zu erholen, mich zu sammeln, zu mir zu kommen. Für mich ist das Schwerstarbeit, denn längst habe ich mich in meinem stressigen Alltag verloren: zu viel Arbeit, Ärger und Kummer hatten mir so zugesetzt, dass ich aufgehört hatte, darauf zu achten, wie es mir ging. Ich hatte versucht zu funktionieren – und war nach Feierabend zu nichts mehr zu gebrauchen. Jetzt erscheint mir mein Leben als ein verworrenes, verknotetes Knäuel von Fäden, das es zu entwirren gilt – und wenn ich mich auch anfangs dazu nicht in der Lage fühle, so bin ich zumindest willens, es anzugehen. Hier in Münsterschwarzach – zwischen den Welten meiner Vergangenheit und meiner noch ungewissen Zukunft – finde ich dazu die notwendige Hilfe.

»Ich bin froh, hier zu sein« – sage ich in den kommenden Wochen mehrfach, denn was ich lernen, erfahren, erfühlen darf, übersteigt meine Erwartungen. Auszeit – das klingt so nach »Mach mal Pause«, aber im Recollectio-Haus wird sie zum Selbsterfahrungskurs, zu einer Reise nach innen und in die Tiefe. Und aus anfänglichem »Lieber von Hartz IV leben, als so weiterzumachen« wird am Ende eine klare Entscheidung für den Beruf und den dazu gut gefüllten »Werkzeugkasten«. Die Batterien sind schon wieder ganz gut aufgefüllt, und ich habe gelernt, wo die »Stromfresser« in meinem Leben waren und sind, die zum Energieverlust geführt haben und auch weiterhin führen. Wieder zu Hause, weiß ich, dass es nun gilt, das Erfahrene zu bewahren und Erkenntnisse umzusetzen, damit die Saat aufgehen kann. Jetzt geht es erst richtig los!

Es wäre wahrscheinlich einfacher nachzuvollziehen, wenn ich detailliert erzählen könnte, was mich wieder aufgerichtet hat. (Im Folgenden berichte ich noch von einzelnen Angeboten und Erfahrungen, die ich im Recollectio-Haus gemacht habe.) Aber letztendlich trugen das Gesamtpaket, welches das Team den Kursteilnehmern und -teilnehmerinnen zur Verfügung stellte und meine eigene Bereitschaft, das Angebotene anzunehmen, zu meiner inneren Genesung bei. Ich hatte in Münsterschwarzach eine sehr gute Zeit und sehe guten Mutes allem, was kommt, entgegen – *Reco-Team und Gott sei Dank!*

In Bewegung kommen

Die Zeit des »Schlapp auf der Couch Hängens« ist mit dem Beginn des Kurses zu Ende. Bei frostigen Temperaturen stapfe ich müde durch den Schnee, später – schon etwas flotter – durch

Matsch und Pfützen. Ich laufe – fast täglich – im Regen, bei Wind, im Sonnenschein, erlebe bewusst den Winter und die Veränderungen zum Frühling hin. Ich laufe mir den Kopf leer oder bedenke aufgekommene Fragen, ich laufe betend, weinend, staunend, schmunzelnd ... ich komme in Bewegung.

In der schönen Münsterschwarzacher Umgebung bin ich meistens alleine unterwegs, aber auch durch die Gruppe und in ihr komme ich in Bewegung.

»Morgens um Sieben ...« – Leibarbeit

Als Morgenmuffel muss ich mir anfangs die Leibarbeit, die morgens um sieben Uhr beginnt, schönreden. Nach einiger Zeit merke ich jedoch, dass es mir guttut und mir hilft, den Tag bewusster anzugehen und zu ergründen, wie ich mich in meiner Haut fühle. Ich beginne meinen Körper wieder richtig wahrzunehmen. Sr. Christiane gibt Einblicke in verschiedene Techniken: Feldenkrais, Fußreflexzonenmassage, DO-IN. Jetzt gebe ich dem Morgenmuffel in mir keine Chance mehr, den Tag schwerfällig zu beginnen.

»Über die Runden kommen« – Moderates Lauftraining

Mittwochs, 16:15 Uhr – mit lockeren Sprüchen von Dr. Ruthard Ott begleitet, beginnt das Aufwärmen für das Lauftraining. Ein paar Dehnübungen noch, und dann geht es ab auf die Bahn »...wir wollen doch, dass Sie gut über die Runden kommen« ... und das funktioniert von Woche zu Woche besser. Wir trainieren nicht für Olympia sondern genießen die kleinen Erfolge. Und gute Gespräche mit Mittrainierenden sind dabei ein sehr willkommener Nebeneffekt.

»Den Kopf ausschalten« – Freies Tanzen

»Wenn ich bei mir bleibe, können andere mich nicht verunsichern« – ein Gedanke aus einem Gespräch wird jetzt – beim

Freien Tanzen mit Pater Meinrad – auf die Bewährungsprobe gestellt. Was ich als Jugendliche bei jeder Fete selbstverständlich getan habe, fällt mir jetzt erst einmal schwer: Mich auf die Tanzfläche begeben, wo »alle mich sehen können«. Kann man die Unbefangenheit der Jugendzeit nicht wiederfinden? Kann man – zumindest halbwegs –, auch wenn Gelenkigkeit und Kondition zu wünschen übrig lassen. Der Kopf wird frei, ich kann mich der Musik überlassen, ich komme ins Schwitzen und bin nach einer Stunde angenehm erschöpft.

Leibhaftig erfahren – Meditativer Tanz

Ruhe finden, Schritt für Schritt gemeinsam im Glauben unterwegs sein, gehalten werden und andere halten, sich sicher führen lassen, wenn es mal holprig wird, sich um eine gemeinsame Mitte bewegen, worüber unsereins so gern mal redet, das ist hier leibhaftig zu erfahren. Mehr gibt es dazu nicht zu sagen. Oder doch: Bisher hielt ich meditativen Tanz für »Frauensache« – jetzt weiß ich es besser.

»Hier und jetzt« – Aikido

Das Wort kannte ich vom Vorgespräch, es kam mir aber sehr »japanisch« vor. Zwölf Wochen darf ich mitüben – und ich schätze, wenn ich dies noch zwanzig Jahre trainieren würde, hätte ich manche Bewegungsabläufe einigermaßen verinnerlicht. Aber den Spaß mal beiseite, den wir dabei auch hatten: Das, was uns Herr Kern – und später auch Bruder Linus – vermittelt, sind nicht nur äußere Bewegungsabläufe, sondern innere Haltungen: Aufrecht stehen, standfest sein, gewaltfrei sich aus dem Kraftfeld eines Angreifers herausbewegen, hier und jetzt reagieren, die eigene Kraft kennenlernen und einsetzen können – diese äußeren Bewegungsabläufe spiegeln vieles wider, was ich auch innerlich lernen will.

Für jede und jeden was dabei

Schwimmbäder in der Umgebung, Turnhalle, Reiten, Fitnessraum, Box-Raum bieten weitere Möglichkeiten, sich auszutoben. Einige KursteilnehmerInnen nutzen die Turnhalle zum Badminton-Spielen, andere trainieren an den Geräten im Fitnessraum, einige haben Reitstunden.

Ich nutze das warme Wasser im Solebad Gerolzhofen – nicht für zusätzliches Training, sondern um mich einfach mal treiben zu lassen und mir zwischendurch von den Massagestrahlen den Rücken massieren zu lassen. Zu Hause ist ein Thermalbad in gut erreichbarer Nähe – aber ich habe es noch nie besucht. Na, das lässt sich doch ändern!

Autogenes Training

Was Verspannung ist, habe ich seit Monaten schmerzhaft unter dem linken Schulterblatt zu spüren bekommen – und im Nacken sitzt sie mir auch. Jetzt habe ich Gelegenheit, unter Anleitung von Dr. Ilse Müller das Entspannen zu lernen, und bekomme mit dem Autogenen Training eine alltagstaugliche Methode an die Hand: Kurze Entspannung zwischendurch – das ist auch mal zwischen zwei Terminen praktikabel. Die Muskeln entspannt, das Herz schlägt ruhiger, der Atem strömt, gut, das Sonnengeflecht ist noch immer nicht strömend warm, aber ich arbeite daran! Wenigstens weiß ich jetzt schon mal, was und wo das ist.

Laub fegen

In Woche fünf bis acht gehe ich an zwei bis drei Nachmittagen zum Laubfegen in die Außenanlagen, andere helfen im FairHandel, in der Druckerei, in der Zimmerei, in der Gärtnerei oder im Reitstall mit. Die Arbeit an der kalten, frischen Luft tut mir gut. Ich komme ins Schwitzen, spüre meine Knochen und habe Schwielen an den Händen. Nach zwei Stunden kann ich sehen, was ich geschafft habe – ist doch zur Abwechslung auch mal schön! Und als ich die Beete an der Klostermauer vom Laub befreie, entdecke ich darunter zahlreiche grüne Triebe – es wird Frühling. »So ist das hier«, denke ich, »das eigene Leben vom Laub befreien, damit etwas Neues wachsen kann.«

»Meine Seele hat Muskelkater«

sage ich schmunzelnd beim Einzelgespräch, meine es aber ernst. Es ist anstrengend für mich, mit mir selbst in Berührung zu kommen. Spirituelle und psychotherapeutische Einzelbegleitung, Kleingruppe, Kreativgruppe, Gesprächs- und Übungseinheiten – ständig stoße ich auf Verdrängtes, Verschüttetes, Unbedachtes. Ich lerne persönliche Verhaltensmuster kennen, wage zögerlich, wunde Punkte zu berühren, bislang »unerlaubte« Gedanken zu denken, Gefühle zuzulassen. Die »Großschnauze« in mir wird oft ganz kleinlaut, mein Hals ist blockiert, ich sinke im Sessel in mir zusammen. Aber letztendlich ist jede Erkenntnis, all das, was wieder ans Licht darf, wohltuend und befreiend. Unschöne Erlebnisse, Konflikte, Unverarbeitetes bleiben auf der Strecke, meine Wut verabschiedet sich, und meine Verletzungen fangen an zu heilen. Und nicht jede Erkenntnis ist schmerzhaft, ich lerne ja auch meine Stärken besser kennen und entwickle ein Gespür für das, was mir guttut.

Dabei spüre ich auch während der ganzen Zeit, wie gut die Begleiter es mit uns meinen, und die liebevolle Atmosphäre, die das Team vermittelt, tut ihr Übriges, damit ich mich wieder wohl in meiner Haut fühlen kann. Der Stein in meiner Brust, der für mich vielmehr ein sehr großer Felsbrocken ist, bröckelt von Tag zu Tag mehr – *von wegen »Ich hab ja nichts zu verlieren«*. Ich werde mich vielleicht nie leicht damit tun, mein »Herz auf der Zunge zu tragen«, aber dass ich ein Gespür für mich entwickelt habe, mich ein bisschen besser mitteilen kann und es zunehmend wage, alle Gedanken und Gefühle als zu mir gehörend zu akzeptieren – dafür bin ich sehr dankbar. Es nicht zu tun, machte mich »fertig«, es zu tun ist wie Dünger, der zwar manchmal stinkt, aber das Weiterwachsen befördert.

Un-Stimmigkeit

Hätte ich in den Wochen vor der Auszeit einen Wunsch frei gehabt, so hätte ich mir den Gewinn der Dreitausend-Euro-Sofortrente der Aktion Mensch gewünscht – und damit die Möglichkeit, meinen Beruf aufzugeben. So wie ich mich fühle, kann und will ich nicht im Beruf bleiben – es ist nicht mehr stimmig, die Begeisterung ist auf der Strecke geblieben. Erschwerend hinzu kommen meine jüngsten Erfahrungen mit Vorgesetzten – Wut, Frust, Verletzungen. Ich bin alles andere als »Feuer und Flamme«, aber zumindest kokelt noch ein kleiner Rest vor sich hin. Mein Gottvertrauen ist nicht erschüttert, aber ich habe mich darin eingekuschelt wie in die Decke beim Mittagsschlaf: Nichts sehen, nichts hören, nichts tun! Je länger ich im Recollectio-Haus bin, je wacher, ausgeruhter ich werde, desto mehr spüre ich, wie meine müde Seele wieder lebendiger wird, zu sich und zu Gott findet. Spürbar geht es auf Ostern und damit auf die Auferstehung zu: Hurra, ich lebe doch! – Und an das Aufgeben meines Berufes denke ich nun auch nicht mehr.

Nicht alleine

Unser Kurs besteht aus achtzehn Personen – neun Frauen und neun Männer –, es sind für mich nicht irgendwelche, sondern ganz besondere Personen. Es ist eben: »Der beste Kurs der Welt« (behaupte ich jetzt so, wie alle Eltern das beste Kind der Welt haben). Jedenfalls empfinde ich die Atmosphäre, die unter uns entsteht, als wohltuend, und das Zusammensein in der Gruppe verbindet uns untereinander, ohne einzuengen. Es ist eine Er-Lebensgemeinschaft auf Zeit, sie gibt Gelegenheit zum Austausch, zu guten Gesprächen, zum Spielen und Feiern – und vor allem in den gemeinsamen Gottesdiensten spüre ich so intensiv wie sonst selten, was Kommunion bedeutet.

Da gibt es auch Spannungen, aber ich kann in aller Ruhe ermessen, was mich nervt und warum – und wen ich nerve und warum. Ich lerne, bewusster mit Distanz und Nähe umzugehen. Es bleibt ein ungelöstes Rätsel, aber es scheint, als treffe ich immer im richtigen Moment auf die richtige Person, fast so, als hätte ich sie herbeigerufen.

Gute Begegnungen gibt es manchmal auch da, wo ich es nicht vermutet hätte: In der Waschküche zum Beispiel. Wir lachen viel und teilen Freude und Leid. Freundschaften entstehen, und einige überstehen auch die Reco-Zeit, hoffe ich zumindest. Darüberhinaus wird mir bewusst, dass ich auch zu Hause viele liebe Leute kenne, und ich frage mich, warum ich das zuletzt nicht mehr wahrgenommen beziehungsweise zu schätzen gewusst habe. So komme ich auch diesbezüglich wieder in Bewegung und schreibe zunächst viele Briefe. Und jetzt – nach dem Kurs – wieder allein? Nein! Ich habe nämlich »den besten Freundeskreis der Welt«.

Alles easy?

Als der Kurs sich dem Ende zuneigt, werden Ängste in mir wach: In den kommenden Wochen sind einige Hürden zu nehmen, der Alltag wird mich bald wiederhaben, und ich bin ja noch »die Alte«. Aber ich kenne mich jetzt besser und weiß mir zu helfen – beziehungsweise mir helfen zu lassen. Außerdem bin ich lebendiger und sicherer geworden.

Jetzt befinde ich mich in der »Woche fünf nach Münsterschwarzach« – und habe schon einige gute Vorsätze in die Tat umgesetzt. Es ist nicht »alles easy« – aber das muss es auch nicht sein. »Es ist, wie es ist« – um mit Pater Meinrads Worten zu sprechen –, und ich komme damit klar, versuche zu ergründen, was mich blockiert, und zu genießen, was mir geschenkt ist.

Und wenn meine Kochkünste auch nicht annähernd an die Klosterküche heranreichen – mein Leben hält nicht nur Tütensuppen bereit, und ab und zu gibt es auch bei mir Schokoladenpudding.

ANSELM GRÜN

Die Heilung krankmachender Gottes- und Selbstbilder

In der geistlichen Begleitung geht es vor allem darum, am persönlichen Gottesbild zu arbeiten. Dabei geht es nie nur um theologische Lehren. Es hat wenig Sinn, über die theologischen Aussagen über Gott oder über die biblischen Aussagen von Gott rein theoretisch zu sprechen. Das führt nicht weiter. Letztlich geht es in der Frage nach dem Gottesbild immer auch um die Frage nach dem eigenen Selbstbild: Wie sehe ich Gott, und wie sehe ich mich selbst?

Wenn ich Menschen spirituell begleite, mache ich immer wieder die Erfahrung, dass das Gottesbild und das Selbstbild miteinander korrespondieren. Wer ein strafendes Gottesbild hat, trägt oft in sich eine Tendenz der Selbstbestrafung. Das Bild des kontrollierenden Gottes lässt auf eine starke Selbstkontrolle schließen. Die geistliche Begleitung fängt beim Gottesbild an. Im Gespräch schauen wir die Gottesbilder der Kindheit, der Jugend und der Jetztzeit an. Dabei geht es immer auch um die Emotionen, die die Gottesbilder in der Kindheit hervorgerufen haben. Ein Begleiteter verband zum Beispiel als Kind mit Gott immer Geborgenheit und Heimat, ein andere etwas Geheimnisvolles und Großes und Schönes, wieder eine andere jedoch Angst und das Gefühl, unwürdig und schlecht zu sein.

Vom Gottesbild her kommen wir aber dann immer auch auf das Selbstbild zu sprechen. Wenn das Gottesbild krank ist, ist auch das Selbstbild krank. Dabei können wir nicht immer sagen, was zuerst ist: das krankmachende Selbstbild oder das krankmachende Gottesbild. Beides geht ineinander über. Im Folgenden möchte ich einige Aspekte der Arbeit am Gottesbild und Selbstbild aufzeigen.

UNSERE BILDER VON GOTT

Im Judentum und im Islam gibt es ein striktes Bilderverbot. »Du sollst dir kein Bild von Gott machen«, heißt es auch in den Zehn Geboten (Ex 20,4). In der frühen Kirche hat man sich zunächst an dieses Gebot gehalten. Doch dann entstand gerade bei den griechisch gebildeten Christen das Bedürfnis, Bilder des Heils zu schaffen. Man berief sich dabei auf Christus als das wahre Ebenbild des unsichtbaren Gottes (vgl. Kol 1,15).

Für die griechische Philosophie spielten Bilder eine wesentliche Rolle bei der Menschwerdung. Der Mensch wird erst zum Menschen, wenn er in sich das göttliche Bild ein-»bildet«. Das Göttliche erkennt der Mensch nach Platon in der Betrachtung des Kosmos. Er findet seine wahre eigene Ordnung durch die Erkenntnis der Ordnung der Welt. Gebildet ist für Platon nicht der Mensch, der viel weiß, sondern der gute Bilder in sich (ein-) bildet. Die frühen Christen waren überzeugt, dass sie zu ihrem wahren Wesen fanden, indem sie das Bild Jesu Christi in sich einbildeten. Und noch für die deutsche Mystik eines Meister Eckehart war diese Erkenntnis zentral für den geistlichen Weg: Der Christ soll das Bild Christi in sich *ein*bilden, um es dann in seinem Reden und Tun und in seinem ganzen Leib *aus*zubilden, das heißt nach außen darzustellen.

Was der griechische Philosoph Platon als Weg der Menschwerdung beschrieb, das hat in unserer Zeit der Schweizer Psychologe Carl Gustav Jung mit anderen Worten ausgedrückt. Für ihn sind die archetypischen Bilder notwendig, damit der Mensch zu seinem wahren Selbst findet.

Archetypische Bilder sind für ihn nicht dazu da, einfach betrachtet zu werden. Vielmehr haben sie die Funktion, den Menschen auf sein Selbst hin zu zentrieren. Zu diesen archetypischen Bildern gehören nach C. G. Jung vor allem die in allen Religionen verbreiteten Bilder von Gott, von Himmel, von Heil und von Erlösung. Solche archetypischen Bilder melden sich auch im Traum zu Wort. Im Traum – so meint C. G. Jung – gibt es keine Atheisten. Da haben alle Menschen auf irgendeine Weise Bilder von Gott in sich. Allerdings sind das keine Gottesbilder, die irgendeinen alten Mann mit Bart darstellen. Vielmehr drücken sich solche archetypischen Gottesbilder zum Beispiel in der Kugel, im Stein, im Dreieck, im Kreuz, im Himmel oder in einer Lichterscheinung aus.

Zur Selbstwerdung gehört nach C. G. Jung, dass wir das Gottesbild in uns einbilden. Jung meint, Gott sei der stärkste Archetyp, den es gebe. Wenn das Bild Gottes krank wird, wird der ganze Mensch krank. Daher ist es für Jung wichtig, heilende Gottesbilder in sich einzubilden und sich von krankmachenden Gottesbildern zu befreien. Aber, so C. G. Jung, wir kommen im Sprechen von Gott nie ohne Bilder aus. Wir müssen zwar wissen, dass Gott jenseits dieser Bilder ist, dennoch brauchen wir Bilder, um dann über diese hinaus auf den Gott jenseits aller Bilder zu sehen.

In der geistlichen Begleitung mache ich die Erfahrung, dass die, die zu schnell von der Bildlosigkeit Gottes sprechen, damit nur den eigenen Bildern aus dem Weg gehen. Weil sie keinen Mut haben, die Bilder ihrer Seele anzuschauen, fliehen sie in die Bildlosigkeit. Doch das verwandelt ihre Bilder nicht. Der Weg geht durch die Bilder hindurch auf den Grund der Seele und vom Grund der Seele immer wieder auch in die Bilder hinein, die in unserem Unbewussten schlummern.

Die Kontemplation allein heilt uns noch nicht. Sie kann auch zur Falle werden, wichtige Schritte menschlicher Selbst-

werdung zu überspringen. Wenn wir so fasziniert sind
Bildlosigkeit Gottes und unserer eigenen Bildlosigkeit,
wir gar nicht, dass wir unser mangelndes Gespür für unser wah
res Wesen religiös überhöhen.

Gott zeigt sich uns in Bildern, aber wir dürfen Gott nicht
mit den Bildern identifizieren. Der christliche Weg geht immer
über das Wort in das wortlose Geheimnis und über die Bilder zu
dem bildlosen Gott.

Evagrius Ponticus, der wichtigste griechische Mönchsschrift-
steller des vierten Jahrhunderts schreibt: »Wenn du betest, dann
stelle dir die Gottheit nicht als Bild vor. Halte deinen Geist
überhaupt frei von jeglicher Form und nähere dich ohne jede
Materie dem immateriellen Wesen, denn so nur wirst du es erkennen.« (Über das Gebet, Kapitel 66)

Wer sich mit dem Bild Gottes begnügt, der hält den Rauch
für das Feuer. Gott ist aber Feuer, mit dem wir eins werden sollen – auch Feuer ist wiederum ein Bild. Hier wird deutlich:
Auch wenn wir uns keine materiellen Bilder von Gott vorstellen
sollen, gelingt es uns nicht, von Gott zu sprechen und uns Gott
zu nahen, ohne die Bilder zu beachten, die in unserer Seele auftauchen. Durch die Bilder hindurch schauen wir den Gott jenseits aller Bilder, der aber dennoch durch die Bilder dieser Welt
und durch die Bilder, die in unserer Seele schlummern, zu uns
spricht, um sich immer mehr in uns einzubilden und uns so zu
verwandeln und zu unserem wahren Selbst zu führen.

DIE BILDER VON UNS SELBST

Jeder Mensch trägt in sich ein Bild von sich selbst. Diese Bilder
werden oft von den Bildern bestimmt, die unsere Eltern von uns
haben. Eine Frau erzählte mir, dass sie von Kindheit an das Bild
in sich hatte: »Ich bin nicht richtig. Mit mir stimmt etwas nicht.«
So ein Selbstbild hindert uns am Leben. Es verunsichert uns und

führt dazu, dass wir immer sofort die Schuld bei uns suchen, wenn etwas schiefläuft. Ein Mann lebte mit dem Selbstbild: »Ich bin für andere unzumutbar. Ich bin kompliziert. Mit mir kann es keiner aushalten.« Solche Selbstbilder, die uns selbst entwerten, lähmen uns und machen uns krank.

Andere tragen große Bilder in sich, die sie überfordern. So vermittelte eine Mutter ihrem Sohn das Bild, er sei ein Sonnenschein. Am Anfang wirkte dieses Bild durchaus belebend. Der Sohn fühlte sich wichtig. Doch zunehmend wurde das Bild für ihn eine Last. Er setzte sich stets unter Druck, für die Familie der Sonnenschein zu sein. So musste er seine Schattenseiten und seine eigenen Bedürfnisse unterdrücken, um für andere zum Licht zu werden. Als er Priester wurde, hatte er auch den Anspruch, Sonnenschein für die Gemeinde zu sein. Doch als Streitigkeiten die Gemeinde spalteten, brach er innerlich zusammen. Sein Selbstbild hatte ihn überfordert.

Von den Bildern, die wir in uns tragen, hängt ab, ob unser Leben gelingt oder nicht, ob wir mit Freude in den Alltag gehen oder mit einer inneren Last. Eine Lehrerin erzählte mir, sie gehe mit dem Bild der Dompteuse in die Schule. Das ist ein sehr anstrengendes Bild. Ein Manager ging mit dem Bild vom Sandwich in die Arbeit, ein anderer mit dem Bild vom Hamsterrad. Das sind Bilder, die schon am Morgen einem alle Energie rauben. Eine Frau ging mit dem Bild in die Arbeit: »Hoffentlich gibt es heute keinen Streit. Hoffentlich schaffe ich das, was von mir erwartet wird.« Wenn solche Bilder sich in mir eingeprägt haben, dann wird mir jeder Konflikt alle Energie rauben, und ich werde das Gefühl haben, dass ich nie das schaffe, was von mir erwartet wird. Ein Mann hatte morgens schon beim Aufwachen das Bild: »Ich muss hier alles alleine schaffen. Keiner hilft mir.« Auch so ein Bild demotiviert und überfordert uns.

Ein Priester hatte von Kindheit an das Bild in sich, er würde in einem Sumpf untergehen. Das führte dazu, dass er sich ein ganz enges Korsett zurechtlegte. Doch damit eckte er überall an. Er konnte es in keiner Gemeinde aushalten, weil er so rigoros und stur war. Sein Selbstbild hinderte ihn, offen auf Menschen zuzugehen und über verschiedene Formen von Spiritualität zu sprechen. Er musste sich krampfhaft an eine rigorose Spiritualität halten, um nicht unterzugehen.

In der geistlichen Begleitung schauen wir – ähnlich wie in der Therapie – solche Selbstbilder an. Wir bringen sie aber immer auch in Beziehung zum Gottesbild. Welches Gottesbild steht zum Beispiel hinter diesem Selbstbild, ich würde im Sumpf versinken? Es ist das Bild des perfekten Gottes, vor dem ich auch perfekt sein muss. Wenn ich nicht perfekt bin, habe ich Angst, in meinen Schattenseiten unterzugehen.

Oder welches Bild steht hinter dem Bild »Hoffentlich schaffe ich das, was von mir erwartet wird«? Vermutlich ist es das Bild eines Gottes, der immer nur Forderungen an mich stellt. Da wäre es gut, das Bild des Gottes in sich einzuprägen, der mir Geborgenheit und Heimat schenkt.

BEZIEHUNG ZWISCHEN SELBSTBILD UND GOTTESBILD

Wenn jemand davon spricht, dass er in seiner Kindheit von seinen Eltern oder seinem Pfarrer ein strafendes Gottesbild mitbekommen hat, so nehme ich das ernst. Aber zugleich frage ich: Warum hast Du es nötig, Dich selbst zu bestrafen? Wovor hast Du Angst in Dir?

Es liegt nie nur am Pfarrer, sondern immer auch am Zuhörer, welches Gottesbild er in sich aufnimmt. Bei einem Kurs sprach ich mit zwei Frauen aus der gleichen Gemeinde. Die eine meinte, der frühere Pfarrer habe immer vom strafenden Gott gesprochen. Die andere meinte, das habe sie gar nicht so empfunden. Die eine Frau hatte eine Selbstbestrafungstendenz in sich. Deshalb griff sie negative Aspekte des Gottesbildes, das der

Pfarrer verkündete, auf. Die andere hatte ein gesundes Selbstvertrauen. An ihr prallten negative Gottesbilder ab.

Es hat wenig Sinn, theoretisch über das Gottesbild zu sprechen oder dem Gesprächspartner nachzuweisen, dass Jesus vom barmherzigen Gott spricht. Denn das bleibt nur im Kopf. Doch das Gottesbild und das Selbstbild sind tief im Unbewussten verankert. Ich habe einen Priester begleitet, der immer vom barmherzigen Gott predigte, weil das seiner Theologie entsprach. Aber er hatte einen Vater, der Alkoholiker war. Seiner Willkür war er schon als kleiner Bub ausgesetzt. Dieses Bild der Willkür und Unberechenbarkeit hat sich auf sein Gottesbild übertragen. Trotz seiner Predigt, von der er selbst überzeugt war, kam in ihm oft das Bild des Willkürgottes hoch. Er hatte das Gefühl, dass er Gott nicht richtig trauen könne, dass Gott ihm ständig einen Strich durch die Rechnung machen würde.

Ich kenne Menschen, die nicht in der Bibel lesen können. Denn da stoßen sie immer auf Stellen von Verdammung und Hölle. Und dann bekommen sie Angst, dass sie verdammt sind. Keiner kann die Bibel ohne Vorurteil lesen. Wir lesen sie immer mit unseren unbewussten Selbstbildern. Wer überall auf Verdammung und Hölle stößt, der hat oft eine sehr pessimistische Sicht von sich selbst. Er verdammt sich selbst, weil er so ist, wie er ist. Die biblischen Worte bestätigen seine Tendenz der Selbstverdammung. Daher hilft es nicht weiter, nur theologisch über die Bibelstellen oder über die Gottesbilder der Bibel zu diskutieren. Wir müssen vom Gottesbild immer auf das Selbstbild zu sprechen kommen. Dann können wir durch die Arbeit am Gottesbild auch das Selbstbild verwandeln. Das ist ein therapeutischer Prozess, der nicht nur zu einer gesünderen Spiritualität führt, sondern auch die Seele des Menschen heilt.

Oft wurde Gott von den Eltern als Erziehungsmittel missbraucht. Die Eltern sagten der Tochter: »Sei brav. Gott sieht alles. Wenn du gegen seinen Willen lebst, kommst du in die Hölle.« Solche Botschaften führen dann oft zum Selbstbild, dass ich ständig schuldig bin, dass ich unmöglich in den Himmel kommen kann. Oft führen solche negativen Gottesbilder und Selbstbilder dann dazu, dass die Menschen sich vom Glauben abwenden. Oder aber sie machen sich auf die spirituelle Suche in anderen Religionen, in denen von Schuld nicht so viel die Rede ist.

Gott wurde von manchen Eltern vor allem beim Thema Sexualität als Erziehungsmittel missbraucht: »Du darfst keine unreinen Gedanken haben. Gott sieht alles.« Das führte dann oft zur Verdammung und zur Unterdrückung der Sexualität. Doch die Unterdrückung führt zugleich zu einer Fixierung. Man kreist dann ständig um seine sexuellen Phantasien. Da braucht es die Arbeit am Gottesbild und Selbstbild, um zu einer gesünderen Einstellung gegenüber sich selbst und seiner Sexualität zu kommen.

Wenn Gottesbild und Selbstbild miteinander korrespondieren, dann ist es für unser Selbstbild von Bedeutung, ob wir Gott apersonal oder personal sehen. Manche, die mit dem personalen Gottesbild Probleme haben, haben auch mit ihrem eigenen Person-Sein Probleme. Und manche, die nicht beziehungsfähig sind, bevorzugen dann apersonale Gottesbilder. Doch diese Bilder heilen ihre Beziehungsunfähigkeit nicht, sondern halten sie darin fest. Das Bild Gottes, der bei aller Unbegreiflichkeit dennoch ein »Du« ist, das mich anspricht, hat in der jüdischen und christlichen Tradition zu einer hohen Kultur der Personalität des Menschen und der Begegnung miteinander geführt. Nicht umsonst hat Martin Buber, ein jüdischer Philosoph, die Philosophie des Personalen entfaltet: »Ich werde am Du.« Wir finden zu unserem wahren Selbst in der Begegnung mit Menschen und in der Begegnung mit dem »Du« Gottes.

DIE ENTDECKUNG HEILENDER SELBST- UND GOTTESBILDER

Die Heilung krankmachender Selbstbilder geschieht auf verschiedene Weise. Der eine Weg geht über das Sich-Einbilden gesunder Gottesbilder. Da helfen die Bilder der Bibel. Wenn ich mir das Bild des barmherzigen Vaters einbilde, wie es Jesus im Gleichnis vom verlorenen Sohn uns vor Augen malt, dann kann das auch mein Selbstbild heilen, das von Selbstvorwürfen geprägt ist – ähnlich wie das des verlorenen Sohnes, der sich auch vorwirft, er sei nicht wert, der Sohn seines Vaters zu sein. Die Bibel ist voll von heilenden Bildern. Wenn wir uns diese Bilder einbilden, kommen wir mit dem ursprünglichen Bild in Berührung, das Gott sich von uns gemacht hat.

Heilende Selbstbilder in der Bibel

Ich möchte nur ein paar solche Bilder nennen. Ich kann mir zum Beispiel das Bild aus dem zweiten Kapitel des Johannesevangeliums, von der Austreibung der Händler aus dem Tempel, einbilden: Ich bin oft so eine Markthalle. In mir lärmen die Gedanken der Händler. In mir sind die Geldwechsler, die Überlegungen, wie ich auf dem öffentlichen Markt eingeschätzt werde, was mein Kurswert bei den Leuten ist. Und in mir sind Rinder, das Triebhafte, Schafe, das Oberflächliche, und Tauben, die in mir herumflatternden Gedanken. Wenn Jesus in meine Markthalle tritt, vertreibt er all die Händler, Geldwechsler, Rinder, Schafe und Tauben. Er macht mich zu einem Tempel. Wenn ich mir das Bild des Tempels einbilde, dann geht es mir besser. Ich fühle mich weit und frei und schön. Ich bin im Einklang mit mir. Ich weiß, dass Gott in mir wohnt, dass mein Leib ein Tempel des Heiligen Geistes ist, wie Paulus es ausdrückt.

Ein anderes Bild ist das Bild der Glut des Heiligen Geistes. Henri J. M. Nouwen meint, viele Seelsorger seien heute ausgebrannt, weil sie ständig die Tür ihres Ofens offen haben. Geistliches Leben heißt, die Tür zu schließen, damit die Glut des Heiligen Geistes mich durchdringen kann. Das führt zu einem heilenden Selbstbild. Ein Manager meinte, er fühle sich wie eine ausgebrannte Rakete. Mit so einem negativen Selbstbild schadet er sich selbst.

Ein ähnliches Bild wie die Glut ist das der Quelle. Auf dem Grund unserer Seele sprudelt die Quelle des Heiligen Geistes. Wir sind nicht ausgetrocknet und erschöpft. Vielmehr strömt in uns die frische und belebende Quelle des Heiligen Geistes. Das führt zu einer heilsamen Selbsterfahrung.

Ein anderes Bild ist das der Gottesgeburt in der menschlichen Seele, das wir an Weihnachten in uns einbilden. Gottesgeburt bedeutet, dass in mir Gott als Kind geboren wird, das mich mit dem ursprünglichen Bild in Berührung bringt, das Gott sich von mir gemacht hat. Die Gottesgeburt bringt mich mit dem Neuen und Unverfälschten und Unberührten in mir zusammen. Sie zeigt mir, dass ich nicht festgelegt bin durch meine Vergangenheit, sondern dass ich in Gott neu anfangen kann, dass ich gleichsam wie nach der Geburt das reine Bild Gottes in mir entfalten kann.

Der Hebräerbrief kennt das Bild des Allerheiligsten, in das Jesus durch seinen Tod eingezogen ist. Das Allerheiligste ist in uns der Raum der Stille, in dem Christus in uns wohnt. Dort, wo Christus in uns wohnt, wo er in uns eingezogen ist, ist alles heilig, ist alles heil und ganz. Da gibt es nichts, was Gott widersteht. Da sind wir ganz im Einklang mit unserem wahren Wesen und im Einklang mit Gott.

Die Gleichnisse Jesu als Therapie unserer Selbst- und Gottesbilder

Oft geht dieses Sich-Einbilden aber nicht ohne Erschütterung. Wenn Jesus uns ein Gleichnis erzählt, dann will er uns faszinieren, unsere Aufmerksamkeit an sich binden. Und zugleich will er uns provozieren. Viele Gleichnisse rufen in uns Ärger hervor. Aber gerade dort, wo wir uns ärgern, will uns Jesus sagen: Genau hier siehst du dich selbst verkehrt, und genau hier hast du ein falsches Gottesbild. Ich möchte hierzu nur drei Beispiele erläutern:

Im Gleichnis von den Talenten (Mt 25,14–30) ärgert uns das strenge Urteil des Herrn, den dritten Knecht in die Finsternis zu werfen. Wir haben Mitleid mit diesem dritten Knecht, der sowieso zu kurz gekommen ist. Aber Jesus will uns sagen: Nicht Gott ist so streng. Vielmehr wirft dich dein krankes Gottesbild jetzt schon in die Hölle deiner Selbstvorwürfe. Dein angstmachendes Gottesbild und dein Selbstbild, dass du alles unter Kontrolle haben musst und keinen Fehler machen darfst, sind ein Weg der Selbstzerstörung. Jesus will uns dieses angstmachende Gottesbild und das kontrollierende Selbstbild ad absurdum führen, um uns einzuladen, aus Vertrauen und nicht aus Angst zu leben.

Der Ärger über das Schicksal des dritten Knechtes zeigt uns, dass in uns eine ähnliche Tendenz herrscht, alles zu kontrollieren und alle Kraft darauf zu verwenden, ja keinen Fehler zu machen und uns gegen alles abzusichern. Und wir haben in uns das Bild eines Gottes, der alles kontrolliert und jeden Fehler bestraft. Jesus will uns einladen, uns von diesem Selbstbild und Gottesbild zu verabschieden und den Bildern zu trauen, die er uns von Gott und von uns selbst aufzeigt.

Auch das Gleichnis von den Arbeitern im Weinberg (Mt 20,1–16) provoziert viele. Sie sagen, Gott sei hier nicht gerecht. Die, die länger arbeiten, müssten auch mehr Lohn bekommen. Doch wer so reagiert, zeigt, dass er sich mit den Leuten identifiziert, die seit dem frühen Morgen arbeiten. Sie halten sich für fleißig und anständig. Aber zugleich offenbaren sie ihre Haltung, dass sie nur deshalb so genau die Gebote halten, damit sie dafür belohnt werden. Für die Arbeiter der letzten Stunde ist das

Gleichnis eine frohe Botschaft. Das Gleichnis offenbart mein Selbstbild. Ich definiere mich von der Leistung her. Und ich verstehe den christlichen Glauben letztlich als Last und nicht als Freude am Leben.

Das Gleichnis offenbart auch mein Gottesbild: Gott ist dazu da, meine Leistung zu honorieren. Es geht mir nicht um Gott, sondern letztlich um mich selbst und um meinen Lohn. Der Punkt, der uns ärgert, fordert uns heraus, an unserem Selbstbild und Gottesbild zu arbeiten.

Ein letztes Beispiel: Im Gleichnis von den fünf klugen und den fünf törichten Jungfrauen (Mt 25,1–13) ärgert uns die Reaktion der klugen Jungfrauen, die nicht bereit sind, ihr Öl mit den törichten Jungfrauen zu teilen. Wir meinen, die seien doch sehr egoistisch. Und es ärgert uns, dass der Bräutigam so streng ist, den törichten Jungfrauen die Tür zu versperren, nur weil sie etwas zu spät kommen. Der Ärger zeigt, dass wir in uns die Tendenz haben, uns vor der Verantwortung für uns selbst zu drücken und uns lieber auf die anderen zu verlassen. Und wir leben nicht im Augenblick und nicht in Achtsamkeit. Das Gleichnis will uns mahnen, wachsam zu sein. Sonst kommen wir zu spät. Wir kennen dieses Motiv des Zuspätkommens auch als Bild im Traum. Es zeigt immer, dass wir zu sehr in der Vergangenheit leben und nicht in der Gegenwart.

Der hl. Augustinus hat in einem wunderbaren Wort zum Ausdruck gebracht, wie wir mit den Gleichnissen umgehen sollen, die uns ärgern: »Das Wort Gottes ist der Gegner deines Willens, bis es der Urheber deines Heiles wird. Solange du dein eigener Feind bist, ist auch das Wort Gottes dein Feind. Sei dein eigener Freund. Dann ist auch das Wort Gottes mit Dir im Einklang.«

Wenn mich ein Wort der Schrift ärgert, zeigt es immer, dass ich mein eigener Feind bin, dass ich rigoros mit mir umgehe oder mich selbst ablehne und mich bekämpfe. Ich soll so lange mit dem Wort Gottes ringen, bis ich es verstehe. Wenn ich es verstehe, dann gehe ich freundlich mit mir um, dann finde ich zu einem mir angemessenen Selbstbild.

In der Kindheit nach heilenden Bildern suchen

Immer wenn Menschen mir erzählen, dass sie Gott nicht mehr spüren, dass sie keine Beziehung zu ihm haben, dass ihr Gebet und ihre Meditation leer geworden sind, frage ich sie nach Situationen in der Kindheit, in denen sie sich im Einklang mit sich gefühlt und in denen sie Gottes Nähe gespürt haben. Oft hat das Kind nicht über die Nähe Gottes reflektiert. Aber dort, wo es im Einklang mit sich war, hat es immer auch schon unbewusst eine Erfahrung Gottes gemacht, der ihm Frieden schenkte.

Ein Missionar erzählte mir, dass er das Breviergebet nur mechanisch bete, aber er empfinde nichts dabei. Ich fragte ihn, wo er sich als Kind geborgen gefühlt hat. Er erzählte: Wenn er in der Küche spielte und wusste, die Mutter ist in der Nähe, dann war er ganz im Einklang mit sich und fühlte sich daheim, angenommen und getragen. Ich empfahl ihm, mit diesem Bild einmal das Brevier zu beten. Er müsse Gott gar nicht spüren. Er solle sich nur vorstellen, dass Gott – ähnlich wie die Mutter – einfach nur dabei sei. Er solle in Gottes mütterlicher Gegenwart beten. Das half ihm, frei zu werden von dem Druck, unter den er sich gesetzt hat – als ob er immer etwas fühlen müsse. Und es führte ihn zu einem heilsamen Gottesbild. Gottes Gegenwart hüllt ihn ein wie die Liebe einer Mutter.

Eine Frau, die eine schwierige Kindheit erlebt hatte – beide Eltern stritten häufig, beide waren suchtkrank –, erzählte, sie sei im Alter von fünf Jahren spontan immer in die Kirche gegangen und habe sich vor den Marienalter gesetzt. Dort konnte sie Maria alles sagen. Dort fühlte sie sich geborgen und angenommen. Auch hier war es das Bild des mütterlichen Gottes, auf das Maria sie verwies. Dieses Bild des mütterlichen Gottes hat sie vor

dem destruktiven Selbstbild bewahrt, das die Mutter ihr ein-
impfen wollte: »Du bist unmöglich. Du bist eine Last. Mit dir
kann es keiner aushalten.« Das heilende Gottesbild hat sie vor
dem krankmachenden Selbstbild bewahrt. Und wenn die negativen Botschaften ihrer Mutter in ihr wieder hochkamen, dann
half ihr die Erinnerung an ihr Sitzen vor dem Marienaltar. Dort
fühlte sie sich nicht bewertet, nicht verurteilt, sondern angenommen, angeschaut, geliebt.

Ein Mann tat sich schwer mit der Meditation und mit dem
Gebet. Er meinte, er könne sich keinen persönlichen Gott vorstellen. Ich fragte ihn, wo er als Kind einen Ort hatte, an dem er
sich wohl fühlte, an dem er sich stundenlang aufhalten konnte,
ohne zu ermüden. Er erzählte, er konnte stundenlang am Fluss
sitzen und dem Wasser zuschauen. Ich ermutigte ihn, dieses Bild
genauer anzuschauen. Das Wasser, das immer fließt, erinnerte
ihn an den ewigen Gott, der seit Urzeiten da ist. Vieles, was wir
im Leben erleben, geht wie ein Fluss an uns und an Gott vorbei.
Gott relativiert all die Probleme seines Lebens, seinen Leistungs-
druck, unter den er sich selbst gesetzt hat. Und er erlebte Gott
als den, der all das Trübe in seiner Seele reinigte, der ihn mit
dem ursprünglichen Glanz seiner Seele in Berührung brachte.

Das ursprüngliche Bild Gottes in uns entdecken

Romano Guardini sagte einmal: Gott spricht über jeden Menschen ein Urwort, ein Passwort, das nur für diesen Menschen
passt. Und unsere Aufgabe würde darin bestehen, dieses einmalige Wort, das Gott nur über uns gesprochen hat, in dieser Welt
vernehmbar werden zu lassen.

Thomas von Aquin hat das in ähnlicher Weise ausgedrückt:
Jeder Mensch ist ein einmaliges Bild, das Gott sich von ihm ge-
macht hat. Und unsere Aufgabe ist es, dieses ursprüngliche Bild
Gottes sichtbar werden zu lassen. Die Frage ist, wie wir dieses
Bild in uns entdecken. Ein Weg könnte so aussehen: Ich setze

mich still hin und höre in mich hinein. Ich beobachte, was in mir auftaucht. Da tauchen Bilder auf, Bilder von mir selbst, vom Leben, von Gott. Ich lasse diese Bilder auftauchen und warte, bis aus der Tiefe noch andere Bilder hochkommen. Vielleicht kann ich diese Bilder nicht mehr beschreiben. Aber auf einmal spüre ich einen tiefen inneren Einklang mit mir selbst. Dann darf ich darauf vertrauen, dass ich mit dem unverfälschten und ursprünglichen Bild Gottes in mir in Berührung bin.

Ein anderer Weg, um das einzigartige Bild Gottes in mir zu entdecken: Ich wiederhole das Wort, das Jesus nach seiner Auferstehung gesagt hat: »Ich bin ich selbst.« Ich spreche dieses Wort in meine Arbeit hinein, in meine Beziehungen, in meine Begegnungen, in mein Denken und Reden. Dann werde ich merken, dass ich oft nicht ich selbst bin, sondern eine bestimmte Rolle spiele. Ich achte sofort auf die Erwartungen meiner Umgebung und versuche, ihr zu entsprechen, das Bild einzunehmen, das die anderen von mir erwarten.Doch wenn ich immer wieder dieses Wort sage »Ich bin ich selbst«, dann entdecke ich auf einmal eine innere Freiheit. Ich muss mich nicht beweisen. Ich darf einfach ich selbst sein. Dieses »Selbst« kann ich nicht mehr beschreiben. Aber ich spüre einen tiefen inneren Frieden.

Zum mir kam ein Mönch, der über Jahre hinweg meditiert hat. Doch dann verlor er alle Lust daran. Sobald er sich zur Meditation setzte, spürte er einen tiefen Widerstand. Er wurde unruhig und musste aufhören. Ich gab ihm die Aufgabe, bei der Meditation nur zu sagen: »Ich bin ich selbst«. Da merkte er, er hatte bisher so eifrig meditiert, um dem Abt und sich selbst zu beweisen, dass er ein guter Mönch sei. Die Meditation »Ich bin ich selbst« hat ihn von diesem Bild befreit, das er sich aufgezwungen hat. Jetzt hatte er neue Lust bekommen, zu meditieren. Jetzt erlebte er sich als authentisch. Und er erlebte Gott als den, der ihn zu sich selbst befreite.

Eine andere Übung mache ich oft mit Kursteilnehmern. Sie hat ihre Basis im Jesuswort des Johannesevangeliums: »Wenn ich über die Erde erhöht bin, werde ich alle zu mir ziehen.« (Joh 12,32)

Wir stellen uns aufrecht hin und kreuzen die Arme über der Brust. Diese Kreuzgebärde ist eine Gebärde der Umarmung. Wir umarmen uns selbst liebevoll und umarmen liebevoll alle Gegensätze in uns: Wir umarmen unsere Stärken und unsere Schwächen, das Gesunde und das Kranke in uns, das Lichte und das Dunkle, das Ansehnliche und das Unansehnliche, das Vertrauen und die Angst, die Freude und die Depression.

Und wir schließen gleichsam mit dieser Gebärde die Tür zu dem inneren Raum der Stille, zu dem die Welt keinen Zutritt hat. Es ist der Raum, in dem das Reich Gottes in mir ist. Dort, wo das Reich Gottes in mir ist, erlebe ich mich neu:

Dort, wo das Geheimnis Gottes in mir wohnt, bin ich frei. Ich bin frei von den Urteilen und Verurteilungen der Menschen, von ihren Erwartungen und Ansprüchen an mich.

Dort, wo das Reich Gottes in mir ist, bin ich heil und ganz. Dort kann mich niemand verletzen. Und auch die tiefsten Verletzungen meiner Kindheit haben diesen heilen Kern nicht verletzt.

Dort, wo das Geheimnis Gottes in mir wohnt, bin ich ursprünglich und authentisch. Dort komme ich in Berührung mit dem ursprünglichen und unverfälschten Bild, das Gott sich von mir gemacht hat. Und all die Bilder, die ich mir selbst übergestülpt habe oder mit der andere mein wahres Bild verstellt haben, lösen sich auf. Die Bilder meiner Selbstentwertung und meiner Selbstüberschätzung verschwinden. Der ursprüngliche Glanz meines unverfälschten Bildes beginnt zu leuchten.

Dort, wo das Reich Gottes in mir ist, bin ich rein und klar. Der innerste Kern ist nicht von Schuld infiziert. Der ist – wie wir es von Maria bekennen – immaculata, unbefleckt. Dort hat die Schuld keinen Zutritt. Weil der innerste Kern lauter und rein ist, können wir unsere Identität überhaupt erst durchhalten. Wer meint, er sei von Grund aus böse und schlecht, bei dem löst sich seine eigene Identität auf.

Dort, wo das Geheimnis Gottes in mir wohnt, kann ich bei mir selbst daheim sein.

Ein anderes Ritual kennen vor allem katholische Christen: Wir nehmen beim Eintritt in die Kirche Weihwasser und bekreuzigen uns damit. Das ist eine Erinnerung an die Taufe, in der wir mit Wasser begossen wurden, damit wir von all den Bildern gereinigt werden, die unser Selbstbild trüben.

Trübungen unseres Selbstbildes entstehen durch die Projektionen und Erwartungen unserer Eltern. Unsere Eltern sehen uns nicht als dieses einmalige Kind. Sie haben vielmehr Erwartungen an uns. Wir sollen das leben, was sie nicht leben konnten oder durften. Solche Bilder trüben das ursprüngliche Bild Gottes in uns. So reinigen wir uns mit dem Weihwasser von allen Trübungen, damit das reine und ursprüngliche Bild Gottes mit seinem unverfälschten Glanz in uns aufstrahlt.

IHR SEID SCHON REIN DURCH DAS WORT

Für mich ist es eine spannende Aufgabe, die therapeutische Dimension der geistlichen Begleitung wieder neu zu entdecken. Die Wüstenväter haben ihre geistliche Begleitung immer auch als Heilung des Menschen von seinen krankmachenden Lebensmustern verstanden. Es gibt viele heilende Aspekte in der geistlichen Begleitung. Aber der wichtigste Aspekt scheint mir der Zusammenhang von Gottesbild und Selbstbild zu sein. Dieser Zusammenhang gilt nicht nur für die geistliche Begleitung, sondern auch für unsere Verkündigung. Wie wir von Gott sprechen, hat immer Auswirkungen auf den Menschen. Daher sollten wir uns bei unserer Predigt von Gott immer auch fragen, ob da unsere eigenen Selbstbilder mit hineinspielen und ob wir so von Gott sprechen, dass er die Herzen der Menschen berührt und sie heilt, oder aber ob wir unsere eigenen kranken Anteile in unser Sprechen von Gott mischen und damit die Menschen hindern, zu dem einmaligen Bild zu gelangen, das Gott sich von ihnen gemacht hat. Das Ziel jeder Verkündigung ist, so wie Jesus von Gott zu sprechen. Jesus hat mit Vollmacht gesprochen. Markus schildert uns die Reaktion von Menschen, die ein dämonisches Gottesbild in sich tragen, auf die Predigt Jesu. Ein Mann, der von einem unreinen Geist besessen war, beginnt zu schreien. (Mk 1,23) Durch die Worte Jesu wurden alle unreinen Geister, alle Dämonen, die das Selbstbild des Menschen trüben, aufgeschreckt und mussten weichen.

Johannes schildert uns eine andere Reaktion der Menschen auf die Worte Jesu. Jesus hat von Gott so gesprochen, dass die Menschen sich rein fühlten: »Ihr seid schon rein durch das Wort, das ich zu euch gesprochen habe.« (Joh 15,2)

Die Menschen, die Jesu Worte hörten, fühlten sich im Einklang mit sich selbst. Sie kamen mit ihrem wahren Selbst in Berührung. Sie erlebten sich rein und klar, weil Jesus klar von Gott und vom Menschen gesprochen hat. In Jesu Worten ist das Wesen Gottes und das Wesen des Menschen in aller Klarheit aufgeleuchtet. So wünsche ich allen Lesern und Leserinnen, dass sie beim Lesen der Worte Jesu immer mehr mit sich in Einklang kommen, dass sie sich rein fühlen, dass das ursprüngliche und unverfälschte Bild Gottes in ihnen immer mehr aufstrahlt.

Literatur

Anselm Grün, Jesus als Therapeut. Die heilende Kraft der Gleichnisse, Münsterschwarzach 2011.

Evagrius Ponticus, Über das Gebet (De oratione tractatus), Quellen der Spiritualität, Band 4, Münsterschwarzach 2011.

»Gottes Liebe macht mich satt!« – Menschen im Zölibat und die Liebe

»Als Kind dachte ich, es gibt nur zwei Arten von Liebe: Die Liebe in der Bibel und die verbotene ...«, lacht Sr. Christiane Sartorius OP, Missionsdominikanerin und geistliche Begleiterin im Recollectio-Haus in Münsterschwarzach. Doch schon bald hat sie gemerkt, dass die Sache in Wirklichkeit sehr viel komplizierter ist. Im nachfolgenden Interview, das für die Münsterschwarzacher Zeitschrift »Ruf in die Zeit« angefertigt wurde, verrät sie, warum. Das Gespräch mit Sr. Christiane führte Anja Legge.

Schwester Christiane, seit wann arbeiten Sie im Recollectio-Haus und was sind Ihre Aufgaben?

Sr. Christiane: Ich bin seit 2004 hier tätig und neben der Hausleitung für Leibarbeit, Kreativarbeit und Einzelbegleitung zuständig. Als gelernte Ergo- und Gestalttherapeutin war ich zuvor fast sechsundzwanzig Jahre lang im Rehabilitationszentrum St. Michael in Neustadt am Main. Diese Vorerfahrung hilft mir, den Problemen hier angstfrei zu begegnen.

Wer kommt ins Recollectio-Haus und warum?

Sr. Christiane: Im Recollectio-Haus können Priester, Ordensleute und Hauptamtliche der katholischen und evangelischen Kirche in fachkundiger Begleitung von geistlichen Begleitern, Psychotherapeuten und Ärzten eine Auszeit nehmen und neue Kraft tanken.

Mit welchen Problemen kommen die Menschen hierher?

Sr. Christiane: Es kommen ganz normale Menschen mit ganz normalen Problemen. Die meisten sind in ihrem Leben an einem Punkt angekommen, an dem sie sagen: So kann es nicht weitergehen! Dies können Autoritäts- und Hierarchiekonflikte sein oder eine überhandnehmende Arbeitsbelastung. Außerdem spielt der Themenbereich rund um zwischenmenschliche Beziehungen, Einsamkeit, Nähe und Distanz eine große Rolle.

Wie definieren zölibatäre Menschen die Liebe und welche (Liebes-)Beziehungen pflegen sie?

Sr. Christiane: Priester und Ordensleute bewegen sich wie jeder andere Mensch in einem Beziehungsgeflecht aus Gottesliebe, Nächstenliebe und Selbstliebe. Diese drei Arten von Liebesbeziehungen gehören untrennbar zusammen. Das ist die Grundlage unserer Spiritualität! Nicht umsonst trägt uns Jesus auf, Gott *und* den Nächsten zu lieben wie sich selbst. Das für ihn zentrale Gebot der Liebe meint also nicht nur die spirituelle Liebe zu Gott, sondern auch die irdische gegenüber dem Mitmenschen und sich selbst. Wichtig dabei ist, dass man die rechte Balance findet. Sonst klappt man irgendwann zusammen.

Zum Beispiel?
Wann gerät das Gleichgewicht aus den Fugen?

Sr. Christiane: Beispielsweise kann ein Priester oder Ordenschrist, der nur mit sich selbst und Gott beschäftigt ist, auf Dauer nicht glücklich werden – das wird schief. Ebenso wenig funktioniert die totale Fokussierung auf den Nächsten. Gerade Menschen in helfenden Berufen meinen häufig irrtümlich, nur für die anderen da sein zu müssen. Es gibt keine Abgrenzung mehr von der Arbeit und den Problemen anderer. Das eigene Ich bleibt dabei auf der Strecke.

Wie gehen Zölibatäre mit dem Wunsch nach Zärtlichkeit um und wo liegen die Grenzen?

Sr. Christiane: Auch Zölibatäre haben das Bedürfnis nach Nähe und Zärtlichkeit. Die definitive Grenze für mich ist die genitale Liebe. Dennoch kann ich mich verlieben, kann ich einem Menschen nahe sein. Dieser Kontakt an der Grenze erfordert viel Mühe, Achtsamkeit, Aufmerksamkeit: Ich muss mich selbst intensiv wahrnehmen – mit meinem Bedürfnis nach Liebe, meinen Grenzen und dem richtigen Maß an Liebe dem anderen gegenüber.

In vielen aktuellen Diskussionen wird das Zölibat mit einer Fessel gleichgesetzt. Wie stehen Sie dazu?

Sr. Christiane: Begriffe wie Unterdrückung oder Verdrängung sind hier völlig fehl am Platz. Die Beziehung zu Gott ist meine Erfüllung. Ich möchte für Gottes Liebe offen sein, seine Liebe spüren. Und diese Liebe macht mich satt. In der freiwilligen sexuellen Enthaltsamkeit um der größeren Liebe zu Gott willen liegt der eigentliche Sinn des Zölibats. Ich finde es schade, dass dieser Zusammenhang heute von vielen nicht mehr verstanden wird. Der Grund dafür ist wohl, dass der Respekt vor der Bindung des anderen, davor, dass dieser Mensch bereits vergeben ist, abgebröckelt, verlorengegangen ist. Das gilt auch für die Ehe.

Gab es in Ihrem Leben Momente, in denen Sie mit Ihrer Entscheidung gehadert haben?

Sr. Christiane: Ich habe zum Beispiel immer wieder mal mehr oder weniger darunter gelitten, keine eigenen Kinder zu haben, keine intime Partnerschaft leben zu können. Ich habe viel geweint, gerungen, mit Gott gehadert, mit ihm besprochen, was sich in mir geregt hat. Am Ende war die Gottesliebe immer stärker. Diese Liebe zu spüren und eine Antwort darauf zu geben, war letztlich auch der Grund für meine Lebensentscheidung. Erst mit dem Ordenseintritt kam der innere Frieden. Wenn ich wieder wählen müsste, würde ich wieder so entscheiden, denn mein Leben ist so tief beschenkt!

Wie gehen Sie an Menschen, die mit dem Zölibat kämpfen, heran?

Sr. Christiane: Ich empfehle ihnen, intensiv in sich hineinzuhorchen und dem eigenen Ich nachzuspüren. Wo stehe ich? Was will ich? Was ist mit meiner Berufung? Was ist mit meiner Liebe zu Gott? Über Leibarbeit, Spürübungen und Körperwahrnehmung sollen sie mit dem eigenen Leib wieder in Kontakt kommen, ihre eigenen Stärken und Schwächen spüren, sich wieder bewusst werden: Gott ist da.

Was ist das Ziel der gemeinsamen Arbeit?

Sr. Christiane: Ins Gleichgewicht kommen, wieder Boden unter die Füße bekommen, die Balance zwischen Gottes-, Nächsten- und Selbstliebe finden. Wenn diese Balance stimmt, kann zölibatäres Leben gelingen! Und es wird ein erfülltes Leben sein!

»Dem Leben auf der Spur« – oder: »Ich entscheide mich selbst«

EIN ERFAHRUNGSBERICHT VON M. W.

Es war kalt und vor allem Winter, als ich am 11. Januar 2009 im Recollectio-Haus in Münsterschwarzach ankam. In meinem Herzen und meiner Seele schien es ähnlich zu sein. Ich fühlte mich ausgebrannt, traurig und erhoffte mir Hilfe für meinen weiteren Weg.

Drei Monate Auszeit – Auftanken – ganz bei sich zu sein und spüren, welche Gefühle da sind – Wegbegleitung – Entscheidung – Neuaufbruch.

Das alles erlebte ich in dieser Zeit mit einem Team aus spiritueller und psychotherapeutischer Kompetenz. Und die Gruppe tat mir gut – ich war nicht allein!

Von einer kleinen Auswahl meiner Erlebnisse und Eindrücke möchte ich berichten.

Mich selbst wahrnehmen

Die Einstimmung in den Tag begann oft mit der Leibarbeit. »Wie geht es mir gerade?«, leitete Sr. Christiane den Morgen ein, wenn wir uns mit einer Decke und einer Nackenrolle auf den Boden legen sollten. Die Fußzonenreflexmassage mit Tennisbällen konnte manchen Schmerz lokalisieren; die eutonischen Übungen führten bei mir zu einem ganz neuen Körpererlebnis.

Meinen Gefühlen trauen und Ausdruck verleihen

Malstunde – einmal ganz anders! Sr. Christiane stellte uns die Aufgabe, ein Bild zum Thema »Mein Schatten« oder »Meine Beziehungen« zu malen.

Ich war selbst erstaunt, was ich zu Papier bringen konnte, wenn ich meinen Gefühlen traute. Beim anschließenden Auswertungsgespräch in der Gruppe sah ich auch in den Bildern der anderen Anteile in mir.

»Was sagt Ihnen das Gefühl?«, klingt jetzt noch nach, wenn ich mal wieder nur den Verstand vorschieben wollte.

Intimität ist mehr als Sex

»Heute behandeln wir ein wunderschönes Thema: Intimität«, sagte Dr. Wunibald Müller zu Beginn eines Vortrags. Der anschließende Austausch setzte viele Emotionen frei: Erfahrungen, Unterdrückung, Ängste, Verletzungen! All das konnten wir im geschützten Rahmen zu Wort bringen. Darüber in der Gruppe sprechen zu können, war für mich eine sehr wertvolle Erfahrung. Und die Ermutigung zur Intimität war das Fazit.

Tiefe Freundschaften, Zärtlichkeiten und das Gefühl von Geborgenheit und Angenommensein bereichern ja schließlich mein Leben.

Die Antidepressionsübung

Brustkorb 'raus, aufrecht stehen, die Beine etwas gespreizt und ausatmen: eine Aufwärmübung beim Walken. Dr. Ruthard Ott, unser Trainer beim Lauftreff, gab uns einen Bewegungspass für zwölf Wochen. Zum Walken sagte er: »Jeder solle sein Tempo finden.« Also – wie im »richtigen« Leben. Es geht nicht darum, Leistung zu bringen. An sportlichen Betätigungsfeldern gab es genügend Auswahl: Aikido, Reiten, Tanzen, Kraftraum, Wandern, Fahrradfahren oder Schwimmen – alles zum Wohle für Körper, Geist und Seele.

Es atmet mich

Frau Dr. Ilse Müller führte uns in die Geheimnisse des Autogenen Trainings ein. »Es atmet mich« war einer der Sätze, die sechsmal wiederholt und dann immer mit »Ich bin vollkommen ruhig« abgeschlossen wurden. Es tat mir einfach gut. Auch eine Form, wie ich den Tag gelassener beginnen kann.

Poseidon – ein Pferd, das immer Hunger hatte

Ich nahm Reitunterricht, »Poseidon« war unser Voltigierpferd. Unter guter Anleitung lernten wir erst mal das Pferd putzen. Ich hatte schon etwas Angst. Ich merkte, dass auch das Pferd meine eigene Verfassung spürte. Knien – Bein nach hinten strecken – Arme kreisen: und das alles auf dem Pferderücken. Als das Wetter dann im März wärmer wurde, verlagerten wir den Unterricht von der Halle nach draußen und ritten aus. Einer von uns führte, und der andere saß hoch zu Ross. Doch beim saftigen Grün der Wiesen konnte Poseidon dann nicht widerstehen. Er hatte Hunger und legte erst mal eine Pause ein.

Auch wenn Reiten nicht zu meinem großen Hobby wird, machte es mir doch viel Freude.

Intensivstation Küchenteam

Neben Hausdienst und der Arbeit in den Betrieben war der Küchendienst sicher am zeitintensivsten. Und wir erfuhren uns intensiv in einer Sechsergruppe. Dafür gab es auch Supervision. Vier Wochen lang waren hier Absprache und Teamwork angesagt. Dann wechselten die Dienste wieder.

Geselligkeit

Das Kaminzimmer war der Ort, an dem wir uns bei Frankenwein und Knabbergebäck oft trafen – zumindest bis zur Fastenzeit ziemlich regelmäßig. Gerade anfangs war es wichtig, um uns näher kennenzulernen. Außerdem waren Geburtstage, Namenstage oder Jubiläen immer ein Anlass, zu feiern. Ins Recollectio-Haus zog auch der Fasching ein. Das Haus zu schmücken, geschminkt zu werden und eine Polonaise gehörten einfach dazu.

Aufgerichtet werden

Ausgehend vom Aufrichten der gekrümmten Frau durch Jesus in der Heiligen Schrift, machte P. Anselm mit uns den Versuch, gekrümmt – mit dem Kopf zum Boden zeigend – durch den Raum zu gehen. Es war ein beklemmendes Gefühl, als ob ich keine Luft mehr kriegen würde. P. Anselm ging zum Ersten der Gruppe hin und richtete ihn auf. Die Aufgerichteten führten dies dann am Nächsten durch, bis wir alle aufgerichtet waren. Die Erfahrung, von der Beklemmung und der Enge zu einem neuen Selbstwertgefühl und Festigkeit zu gelangen, hatte etwas Befreiendes.

Auftanken

Die Vesper in der Abteikirche und die Gottesdienste in der Gruppe waren für mich Tankstellen für die Seele. Die Einübung in die Stille mit P. Daniel war für mich nicht einfach, weil viele Gedanken mich bewegten. Aber ich sah es als eine Chance, in der Stille auch Gott handeln zu lassen.

Leben mit der Reco-Box

Wie bin ich gerüstet für die Zeit danach, wenn ich wieder in meine Gemeinschaft zurückkehre? Eine Frage, die mich gerade in den letzten Wochen des Aufenthaltes immer stärker beschäftigte. Dazu half mir das Erstellen der Reco-Box. Aufgabe war es, einen Karton außen mit Bildern aus Kalenderblättern zu bekleben mit dem Augenmerk: Was ist mir wichtig? »Gut für sich selbst sorgen«, war immer wieder der Tenor in der Gruppe. Darum sollte in die Box auch alles, was ich angehen will, was mein Leben bereichern kann, und zu Hause ab und zu reinschauen, damit ich nicht vergesse, auf mich besser achtzugeben. Denn *ich* bin der Dirigent, der die eigene Lebenssymphonie schreibt und sie interpretiert – eine Erkenntnis aus einem meiner Einzelgespräche. Und eine Herausforderung, zu sagen: »*Ich* will ...«

Winter ade ...

Zwölf Wochen Intensivkurs und Rüstzeug für ein gutes und geschmackvolles Leben und manche Knoten wieder zu entwirren. Ich bekam viele Möglichkeiten angeboten, das »Leben mit all seinen Kostbarkeiten neu zu schmecken«. Es war für mich eine wertvolle Zeit in Münsterschwarzach mit manchen innerlichen Kämpfen und der Entscheidung nach meinem guten Weg. Danke dem Team für das sensible und wertschätzende Mitgehen und der Gruppe für die Offenheit, für Lachen und Weinen, für die Geselligkeit und die gemeinsame Wegstrecke.

In einem Jahr sehen wir uns wieder zur Reflexion. Ich bin gespannt, welchen Weg jeder von uns eingeschlagen hat und welche Entscheidungen getroffen wurden.

Die Reco-Box steht auf meiner Kommode, damit ich sie sehe und erinnert werde: da war doch was in Münsterschwarzach was ich als Geschenk erfahren durfte und was mir wichtig geworden ist. Und ich will gut auf mich aufpassen. Das wünsche ich auch meinen Kursteilnehmerinnen und Kursteilnehmern.

SR. CHRISTIANE SARTORIUS

Leibarbeit im Recollectio-Haus

Nach Hildegard von Bingen »existieren Leib und Seele, trotz ihrer verschiedenen Naturen, dennoch als eine einzige Wirklichkeit. Der Mensch ist von der ersten Bestimmung her zusammengesetzt. Oben wie unten, außen wie innen, all überall existiert er als Leiblichkeit. Und das ist das Wesen des Menschen.«

Viele Menschen bewerten Anstrengung und Leistung in ihrem Leben zu hoch. Gäste, die zu einem Kurs ins Recollectio-Haus kommen, bringen oft die Erfahrung mit, dass sie leer, ausgebrannt, leblos sind oder entsprechend von Schmerzen geplagt werden. Durch die Übungen bei der Leibarbeit sind sie eingeladen, zu lernen, sich zu finden, »Leben« neu zu lernen. »Wenn wir sagen, wir seien lebendig, so können wir dieses Leben nur in unserem Leib spüren. Und nur in unserer Leibhaftigkeit können wir uns in Beziehung zur Welt und zu unseren Mitmenschen setzen. Ist der Mensch in seinem Leib blockiert, so wird dadurch auch die Beziehung zu seiner Umwelt gestört.« (Rüdiger Roden)

Bei den Übungen in unseren Kursen – meist auf dem Hintergrund von Eutonie und Feldenkrais – geht es um die Bewusstwerdung dessen, was ist. Es geht darum, sich seiner Realität zu stellen, wie sie ist. Denn für einen Prozess der Veränderung ist es wichtig, erst einmal bei sich selbst anzukommen. Jeder von uns hat ein Wissen in sich, das ihm sagt, wie er sich fühlt, was ihm guttut oder nicht guttut. Es macht einen großen Unterschied, ob der Verstand weiß, dass Boden unter den Füßen ist, oder ob der Leib erfährt, dass die Füße fest auf dem Boden stehen, dass der

Boden trägt und Halt gibt. »Wenn wir das bewusste Wahrnehmen unseres Körperinneren erüben und dabei auch in Berührung kommen mit den feinen Energien, die unseren Leib durchströmen, entdecken wir hinter Funktionalität und Unrast jene Erfüllung, die wir mit unseren auf das Äußere gerichteten Anstrengungen vergeblich suchen.« (Dagmar Müller)

Durch dieses Ausdauertraining der Körperwahrnehmung wird der Leib zum Ort der Selbsterfahrung, und diese Selbsterfahrung führt zur Selbsterkenntnis.

Literatur

Hildegard von Bingen, Der Leib als Symbol, in: Otto Betz, Des Lebens innere Stimme, Freiburg im Breisgau 2001.

Dagmar Müller, Meditative Körpererfahrung. 40 einfache Anleitungen, Mainz 2004.

DANIEL KLÜSCHE

Worte zum Abschied

Liebe Gäste!

Ihre Zeit im Recollectio-Haus geht zu Ende. Morgen werden Sie Abschied nehmen. Sie kehren an Ihre alte Wirkungsstätte zurück oder übernehmen neue Aufgaben. Viele Wochen haben Sie hier im Schatten einer Benediktinerabtei verbracht. Im Namen des ganzen Teams möchte ich Ihnen gute Wünsche mit auf den Weg geben.

In der bewährten Lebensordnung des hl. Benedikt fand ich ansprechende Empfehlungen für ein gelingendes Leben. Davon habe ich für Sie fünf ausgewählt.

Als Erstes wünschen wir Ihnen ein *aufmerksames Ohr.* »Höre, mein Sohn, meine Tochter« (Regel Benedikts, Prolog,1), so eröffnet Benedikt seine Lebensregel. Auf die Einübung in die Achtsamkeit, auf die Sensibilisierung im Leib und in allen Sinnen wurde im Kurskonzept großer Wert gelegt. Das möge Ihnen erhalten bleiben in der Wahrnehmung Ihrer selbst, Ihrer Umwelt und im Aufeinanderhören unter den Menschen, mit denen Sie zu tun haben.

Zum Zweiten wünschen wir Ihnen ein *weites Herz.* Benedikt schreibt sinngemäß: »Wenn einer auf dem inneren Weg fortschreitet, dann weitet sich das Herz, und er läuft in unsagbarem Glück der Liebe Gottes Weg.« (Vgl. Regel Benedikts, Prolog,49) Am Anfang ist das nicht so einfach. Da geht es durch manchen Engpass, manche Konfrontation und schmerzhafte Selbsterkenntnis. So ist oft auch die Erfahrung der Recollectio-

Zeit. Aber je mehr die Aussöhnung und die Annahme Ihrer selbst gelang und das Bewusstsein wuchs, ganz und gar von Gott bejaht und geliebt zu sein, desto mehr wuchsen auch Freude, Vertrauen und Zuversicht. Wir wünschen, dass Sie mit Ihrem Herzen in Berührung bleiben, dass Sie selbst darin wohnen und dass Gott darin wohnen kann.

Ein Drittes: Wir wünschen Ihnen *eine große Liebe zum Leben*. Benedikt fragt mit dem Psalm 34: »›Wer ist der Mensch, der das Leben liebt und gute Tage sehen will?‹ [Ps 34,13] Wenn du antwortest: ›Ich!‹, dann sagt dir Gott: ›... schon bevor du mich anrufst, siehe, ich bin da!‹ [Jes 65,24] Wie beglückend, dass der Herr uns den Weg zum Leben zeigt.« (Regel Benedikts, Prolog,15.18–20)

Und weiter empfiehlt Benedikt, das Leben mit allem geistlichen Verlangen zu ersehen (Regel Benedikts 4,46) und den guten Eifer zu üben, der zum wahren Leben führt (Regel Benedikts 72,2). »Entdecke die Spur deiner Lebendigkeit«, hieß es immer wieder während des Kurses. Erinnern Sie sich oft an Augenblicke, in denen Sie sich ganz lebendig und im Einklang mit all Ihren Kräften fühlten, im Kreativen Gestalten, beim Malen des Lebensbaumes, im Umgang mit Maske und Rolle, beim Tanzen.

Der vierte Wunsch: Benedikt legt großen Wert auf ein gutes Miteinander in der Gemeinschaft. »Sie hatten alles gemeinsam«, zitiert er die Apostelgeschichte (Regel Benedikts 33,6). Sie tun vieles gemeinsam in der Beratung, in der Zusammenarbeit, im Umgang der Generationen miteinander (vgl. Regel Benedikts 63,10). Wir wünschen Ihnen *eine gute Gemeinschaft und tragfähige Beziehungen* in Ihrer privaten Situation und in Ihrem Aufgabenbereich. Auch Sie haben, wie oft am Ende eines Kurses, die Dankbarkeit für das gute Miteinander in der Gruppe zum Ausdruck gebracht. Es basierte auf dem zuvorkommenden und achtungsvollen, aber auch auf dem ehrlichen, offenen und direkten Umgang, auf der Ausgewogenheit von Nähe und Distanz, vor allem auf einer Atmosphäre des Vertrauens, in der jede und jeder sich angenommen fühlen konnte. Wir wünschen Ihnen diese Erfahrung auch in Zukunft, vor allem auch im Raum der Kirche und Gemeinde, dazu die Entschlossenheit, das Ihre nach Kräften dazu beizutragen.

Ein fünfter und letzter Wunsch im Sinne des hl. Benedikt lautet: *An Gottes Barmherzigkeit niemals verzweifeln* (Regel Benedikts 4,74). Mit dieser Empfehlung rundet Benedikt den Katalog der 74 Werkzeuge der geistlichen Kunst ab. Auch nach einem hoffnungsvoll beendeten Recollectio-Kurs wird es wieder manche inneren und äußeren Schwierigkeiten und manche unvermeidlichen Belastungen geben. Wir wünschen Ihnen, dass Sie dann dieses »Werkzeug« zur Hand haben.

Benedikt ist wie Abraham ein Mensch des Aufbruchs. Immer wieder lässt er Vergangenes hinter sich und richtet den Blick nach vorn. Nun wagen Sie den Aufbruch. Gott ist mit Ihnen. Er wirkt Neues in der Mitte seines Volkes.

Es begleite jede und jeden von Ihnen der irische Segenswunsch: »Mögen sich die Wege vor deinen Füßen ebnen. Habe den Wind stets im Rücken. Bis wir uns wiedersehen, halte Gott seine schützende Hand über dich.«

Das letzte Wort soll noch einmal Benedikt haben: »Christus, dem wir nichts vorziehen sollen, er führe uns gemeinsam zum ewigen Leben.« (Regel Benedikts 72,1f)

WUNIBALD MÜLLER

Epilog

DER SEELSORGER ALS EINER, DER LACHEN KANN

Robert Lax, ein Freund von Thomas Merton, berichtet von einem Hindu-Mönch, der in einem Kloster in der Nähe von Kalkutta lebt. Das Kloster heißt *Sri Agnan*, was man mit »Spielplatz Gottes« übersetzen könnte.

Der Seelsorger, die Seelsorgerin als Spieler und Spielerin auf dem Spielplatz Gottes. Was wäre das für eine Freude! Was würde das für einen Spaß machen! Ich meine nicht den Spaß der sogenannten Spaßgesellschaft, über die das mahnende »Schluss mit lustig« steht. Ich spreche von dem Spaß, den Kinder auf dem Spielplatz entwickeln. Henri David Thoreau, der fast zwei Jahre lang in einer Hütte am Waldensee an der Ostküste der USA lebte, meinte: »Die Kinder, die das Leben spielen, erfassen seine wahren Gesetze und Beziehungen richtiger als die Erwachsenen, die nicht fertig bringen, es würdig zu leben, sich aber durch Erfahrung, das heißt das Fehlschlagen ihrer Pläne für weiter halten.«

Ich wünschte uns einen Schuss von der Spontaneität und ursprünglichen Freude, die wir bei Kindern entdecken können. »Wenn ihr nicht werdet wie die Kinder, werdet ihr nicht in das Himmelreich eingehen«, heißt es im Neuen Testament (Mt 18,3). Solange wir als Seelsorger und Seelsorgerinnen unsere Herzen lebendig und jung erhalten, machen wir ab und zu auch noch etwas Verrücktes. Unterdrücken wir dagegen unsere Herzen, werden wir vermutlich nie die Fülle unserer Berufung erreichen, und, was noch schlimmer ist, wir werden lebendig tot sein.

Wir können uns dafür entscheiden, mitzumachen. Mitzumachen bei dem Spiel »du musst«, »du darfst nicht«, »die Quote zählt«, »der Erfolg, der Profit – darauf kommt es an« und so weiter. Und wir sind ja längst davon infiziert, »McKinseyniert«, qualitätsgemanagt und vieles mehr. Die Manager und Managerinnen in unseren eigenen Reihen und obersten Rängen lassen uns immer mehr und immer stärker spüren, dass sie das Spielen verlernt haben, vergessen haben: »Wenn ihr nicht werdet wie die Kinder, werdet ihr nicht in das Himmelreich eingehen.« Doch das sollte uns, sollte sie nicht abhalten, als Seelsorger und Seelsorgerin auf dem Spielplatz Gottes zu spielen.

In einem Brief an *Mogador*, einen Akrobaten, schreibt Robert Lax: »Denke, Mogador, an die Freiheit in einer Welt der Fesseln, einer Welt ausgestoßen aus Eden; die Freiheit des Priesters, des Künstlers und des Akrobaten. In einer Welt, in der Menschen dazu verdammt sind, ihr Brot im Schweiße ihres Angesichtes zu verdienen, ist es die Freiheit derer, die, wie die Lilien auf dem Felde, vom Spielen leben. Denn Spielen ist hier die Weisheit vor dem Angesicht Gottes. Das Spiel der Akrobaten ist ein Lobpreis, wie ein Gebet. Dieses Spiel ist, wie die rituellen Bewegungen des Priesters, gekennzeichnet von Gnade, die himmlische Gnade entfaltet sich darin, blüht auf, spiegelt sich wider in der irdischen Anmut des Spielers.«

Auf dem Spielplatz Gottes geht es bunt her. Dort zu sein ist nicht nur Honigschlecken. Doch es ist genug Platz zum Spielen. Und solange genug Platz dafür ist, hören wir nicht auf zu spielen. »Das alte Lied, man spielt es fort und spielt es bis zum Ende. Und der da droben schlägt den Takt, weiß, wo das hinführt.«

Zwischendurch gestatten wir uns auf diesem Spielplatz, wie Kinder einfach loszulachen, wenn wir sehen, wie andere sich, oder wir uns selbst wichtig nehmen. Der Seelsorger ist einer, der ab und zu kräftig über sich und andere lachen kann. Wenn andere sich aufbauen, glauben, die Weisheit mit Löffeln gefressen zu haben, päpstlicher sind als der Papst, das Gesetz wichtiger nehmen als das Herz und den Menschen, können sie sich Luft verschaffen, indem sie laut loslachen. Wissen sie doch, wie recht Karl Rahner hatte, als er meinte: »Der liebe Gott hat zwar den Menschen erschaffen, aber er braucht sich nichts darauf einzubilden.« Und am besten denken sie dabei zuallererst an sich selbst.

Als Vertreter und Vertreterinnen des Ewigen halten sie es mit dem Prediger, der seine Predigt mit den Worten beginnt: »Windhauch, Windhauch, Windhauch ist alles.« (Koh 1,2) Wir vergessen nicht, dass alles schal, leer, hohl bleibt, wenn ihm die Liebe fehlt und wir selbst auf dem höchsten Throne – so Montesquieu – immer nur auf unserem Allerwertesten hocken.

Und dann wünsche ich uns, dass wir immer wieder lachen können wie Sara, die still in sich hineinlachte, als der Herr Abraham erschien und sprach: »In einem Jahr komme ich wieder zu dir, dann wird deine Frau Sara einen Sohn haben.« (Vgl. Gen 18,1–16) Ihr Lachen, so der Soziologe Peter L. Berger, drückt mangelnden Glauben aus, was Gott ihr und dem Abraham aber nicht übelnimmt. Tatsache ist: Gott lachte zuletzt! Sara und Abraham wurde wirklich ein Kind geschenkt. Es wurde »Isaak« genannt, auf Deutsch: »Er lachte«.

Wenn wir uns von diesem göttlichen Lachen anstecken lassen, wird es uns verwandeln. Es wird unsere Angst, unseren Pessimismus, unser Jammern und Klagen in Gelassenheit verwandeln. Es wird in uns etwas in Bewegung setzen, was wir bisher zurückgehalten haben. Es weckt das göttliche Kind in uns, das von diesem Lachen geweckt wird und in uns zu hüpfen beginnt. Es geht uns wie Elisabeth, bei der in dem Augenblick, als sie Marias Gruß hörte, das Kind vor Freude in ihrem Leib hüpfte.

Und wir können jetzt nichts anderes tun, als einzustimmen in ihren Lobgesang: »Meine Seele preist die Größe des Herrn, und mein Geist jubelt über Gott, meinem Retter.«

Literatur

Robert Lax, Mit Robert die Träume fangen, Freiburg im Breisgau 2006, S. 116f.

Henri David Thoreau, Walden, oder: Leben in den Wäldern, Zürich, 22. Aufl. 2007.

Die Autoren

P. Dr. theol. Anselm Grün OSB

geboren 1945, ist Mönch und Cellerar (wirtschaftlicher Leiter) der Benediktinerabtei Münsterschwarzach und geistlicher Leiter des dortigen Recollectio-Hauses. In zahlreichen Büchern, Kursen und Vorträgen geht er auf die Nöte und Fragen der Menschen ein. Er ist von vielen Menschen als Seelsorger und geistlicher Begleiter geschätzt und gehört zu den meistgelesenen christlichen Autoren der Gegenwart. Mehrere zehntausend Menschen besuchen jährlich seine Vorträge.

www.anselm-gruen.de

P. Daniel Klüsche OSB

geboren 1932, ist Mönch der Benediktinerabtei Münsterschwarzach und im dortigen Recollectio-Haus als Seelsorger und geistlicher Begleiter tätig.

Dr. theol. Wunibald Müller

geboren 1950, ist Diplom-Psychologe und psychologischer Psychotherapeut. Er ist Gründer und Leiter des Recollectio-Hauses in Münsterschwarzach. Von ihm stammen eine Vielzahl an Büchern zu Themen der Spiritualität, Lebenshilfe und Psychologie. Zu den Themen seiner Bücher hält er jährlich zahlreiche Vorträge.

Dr. theol. Ruthard Ott

geboren 1953, ist Diplom-Psychologe, psychologischer Psycho-therapeut, Supervisor (BdP), Ehe-, Familien- und Lebensbera-ter, Dozent für Pastoralpsychologie und Mitarbeiter im Recol-lectio-Haus in Münsterschwarzach. Er ist verheiratet und hat zwei erwachsene Töchter.

Sr. Christiane Sartorius OP

geboren 1949, ist Missionsdominikanerin und als geistliche Be-gleiterin im Recollectio-Haus Münsterschwarzach verantwort-lich für kreatives Gestalten und Leibarbeit.

Das Recollectio-Haus in Münsterschwarzach

Das Recollectio-Haus ist eine Einrichtung der Abtei Münsterschwarzach. Es wird finanziell mitgetragen von den Diözesen Augsburg, Freiburg, Limburg, Mainz, München und Freising, Paderborn, Rottenburg-Stuttgart und Würzburg.

Das Recollectio-Haus versteht sich als ein Angebot für Priester, Ordensleute und kirchliche Mitarbeiter und Mitarbeiterinnen, die im spirituellen Ambiente der geistlichen Gemeinschaft der Benediktiner von Münsterschwarzach

- innehalten wollen
- über ihr Leben nachdenken wollen
- dem nachspüren wollen, was sie in eine Krise gebracht hat
- neue Kraft schöpfen wollen für ihr berufliches und persönliches Leben.

Ein Team aus geistlichen Begleitern, Psychotherapeuten und Ärzten, die von der Annahme ausgehen, dass wir oft mehr Möglichkeiten haben, als wir ahnen, ganz zu schweigen von den ungeahnten Möglichkeiten, die Gott für uns noch vorgesehen hat, begleitet sie.

www.recollectio-haus.de